다문화 친구들,
울끈불끈
사춘기가
된 되다

다문화 친구들,
울끈불끈 사춘기가 되다!

초판 1쇄 발행 2015년 11월 10일
초판 6쇄 발행 2023년 10월 20일

지은이 손소연
일러스트 박선하
펴낸이 이지은 **펴낸곳** 팜파스
기획편집 박선희
디자인 조성미 **마케팅** 김서희, 김민경
인쇄 케이피알커뮤니케이션

출판등록 2002년 12월 30일 제 10-2536호
주소 서울특별시 마포구 어울마당로5길 18 팜파스빌딩 2층
대표전화 02-335-3681 **팩스** 02-335-3743
홈페이지 www.pampasbook.com | blog.naver.com/pampasbook
이메일 pampas@pampasbook.com

값 12,000원
ISBN 979-11-7026-051-6 (43370)

이 도서의 국립중앙도서관 출판시도서목록(CIP)은 서지정보유통지원시스템 홈페이지
(http://seoji.nl.go.kr)와 국가자료공동목록시스템(http://www.nl.go.kr/kolisnet)에서
이용하실 수 있습니다.(CIP제어번호: CIP2015028568)

다문화 친구들,
울끈불끈
사춘기가
되다

손소영 지음

팜파스

서툰 것이 당연해요

반듯한 새 교복에 반짝이는 이름표를 달고 중학교에 갑니다. 입학식 첫날은 여러분이 태어나서 처음 중학교 1학년을 해보는 날이에요. 내년엔 중학교 2학년이 되는데 역시 처음 중학교 2학년을 해보게 되겠죠? 우리는 태어나서 처음 하는 것들이 많아요.

나는 11년 전에 엄마가 되었어요. 올해에는 4학년이 된 남자아이의 엄마 노릇을 처음 해봤어요. '연습 한번 해봤으면 엄마 노릇을 더 잘할 수 있었을 텐데' 하는 생각을 가끔 해요. 그 남자아이는 내년에는 난생 처음 5학년이 되고 나는 난생 처음 5학년 학부모가 됩니다. 우리는 잘할 수 있을까요?

매일매일은 태어나서 처음 맞는 날들이에요. 처음 하는 일들은 익숙하지 않으니까 때로는 두렵게 느껴지고, 때로는 불안해요. 고민이지요. '잘할 수 있을까? 잘하고 있는 건가?' 자꾸 자신에게 물어보게 됩니다. 서툰 것이 당연할 수 있어요. 잘할 수도 있지만 못해도 괜찮아요.

선생님인 나는 해마다 열서너 살 사춘기인 여러분을 만납니다. '애들이 뭐 다르겠어? 거기서 거기지!' 하지만 같은 아이들은 하나도 없어요. 성격이나 생김새, 자라온 환경 어느 것 하나도 같은 것이 없지요. 그런데 신기하게도 여러분의 고민들은 비슷비슷한 것들이 더 많아요. 이 책을 읽으면서 여러분이 다문화 속에서 고민했던 것들을 따뜻하게 나누고 몸과 마음이 모두 건강하게 자랄 수 있는 방법을 생각해보길 바랍니다.

1년 반이 넘도록 탈고를 기다려준 출판사 담당자분, 건강하게 살아나도록 정성을 아끼지 않은 사랑하는 가족과 의료진에게 감사의 말을 전합니다. 그리고 내 삶의 가장 큰 보람인 지용이와 나를 선생님으로 완성시키는 보석처럼 빛나는 제자들, 소용돌이치는 다문화 현장에서 진심어린 열정과 패기로 함께 동고동락해온 동료교사들에게 이 책을 바칩니다.

어느 가을 날
손소연

차례

PART
01

다문화 아이들의
울끈불끈 청소년기!

우리 지금
어울리고 있나요?

"안녕하세요?"

"사왓디카."

"신짜오."

"니하오."

"아살롬 알라이꿈."

"마간당 우마가."

"브리벳."

무슨 말이냐고요? 떠들썩한 우리 반 아침 인사예요. 우리 반은 세계 각국에서 온 학생들이 함께 생활하고 있어요. 달리기를 잘하는 비노빈, 갈색 피부에 곱슬머리가 귀여운 일라이자, 장난기로 쉴 새 없이 움직이는 파란 눈의 워와, 제 몸보다 큰 첼로를 업고 다니는 음악 소년 앙파 등. 아이들의 개성을 말하려면 시간이 모자랄 정도예요. 이 아이들이 함께 공부하고 있어요.

우리 반에는 부모님 중에 한 분이 외국인인 아이들이 있어요. 그런가 하면 부모님 두 분이 모두 외국인인 아이들도 있어요. 외국에서 태어났는데 갑자기 한국에 오게 된 아이들도 있고요. 부모님 모두 한국에서 일하게 되어 함께 오게 된 아이들도 있어요. 한류와 K-POP이 좋아서 온 친구들도 있지요. 한국이 궁금해서 온 아이들이 우리 반에 모여 한국어를 배웁니다. 북한을 탈출해서 한국에 온 아이도 있어요. 다른 나라에서 오래 있다가 온 재외동포 아이들도 함께하고요. 모두 우리 반에서 한국 생활에 익숙해지려고 노력하고 있지요. 한국에 온 이유나 상황은 다르지만 늘 왁자지껄 생기가 넘치는 교실이에요.

사람들은 궁금해해요. 우리가 무엇을 배울까? 세계 각지에서 온 아이들끼리 말이나 통할까? 그래서 우리 교실에서는 한국어가 만국 공통어예요. 바디랭귀지(Body Language)는 애교고요. 서로 말이 잘 통하지 않는데도 다 같이 둘러앉아 한국어로 서툴게 이야기해요. 마치 여러 나라 사람들이 나와서 토론하는 TV 방송 〈비정상회담〉의 한 장면 같아요. 아이들의 모습을 보고 있으면 참 신기해요. 뭐가 그리 재밌는지 매일 웃음이 넘치지요.

우리 반 아이들은 한국 문화와 다른 문화를 가지고 있어요. 그래서 서로 생활방식이 다른 것이 있어요. 비노빈과 쿠안은 숟가락을 사용하지 않고 오른손으로 밥을 먹어요. 일라이자와 워와는 한국에 와서 처음 젓가락질을 배웠어요. 후사코와 세이치는 한국 젓가락이 무거워서 자꾸 떨어뜨려요. 보르추와 치치게는 급식에서 생선 요리를 보면 무섭다고 기겁을 해요. 문화가 달라서 생각하는 방식까지 다를 수 있어요. 처음에는 우리끼리도 너무 달라서 낯설어했어요. 하지만 함께 지내다 보니 다른 것보다 비슷한 것이 더 많다는 것을 알게 됐지요.

사람들은 우리 반 아이들을 다문화 가족 또는 다문화 가정 아이들이라고 불러요. 한국 아이들처럼 우리 반 아이들도 소소한 고민들이 있어요. 조금 다른 것이 있다면 학교에 처음 입학했을 때 익숙해지는 데 어려움이 꽤 있었다는 거죠. 졸업하고 중학교와 고등학교에 가면서 성장통처럼 자라는 문제들에 당황하기도 하고요. 나는 우리 반 아이들이 모두 잘 자랐으면 좋겠어요. 그래서 지금부터 우리 반 아이들과 함께한 고민 보따리들을 여기에 풀어보려고 해요.

"저는 중학교 2학년 박은수입니다. 우리 엄마는 우즈베키스탄 사람입니다. 어떻게 알았는지 친구들이나 선생님들이 '너, 다문화 가족이구나.', '다문화 가정 학생이네.' 라고 합니다. '다문화' 라는 말을 들을 때마다 사람들과 저를 분리하는 것 같아서 기분이 나빠요. 도대체 '다문화' 는 무슨 뜻인가요?"

"저는 이사벨이라고 합니다. 칠레가 고향입니다. 칠레에서 자원봉사활동을 하다가 한국 사람을 만나 사랑했습니다. 그리고 결혼을 했습니다. 아이를 낳고 칠레에서 살다가 한국에 온 지 십여 년이 되었습니다. 사춘기에 접어든 아이가 요즘 신경질이 대단합니다. 며칠 전 학교에서 다문화 가정 학생들 수를 조사했답니다. 다문화 가정이면 손을 들라고 했나 봐요. 그날 아이가 엄마 때문에 자기가 다문화라며 종일 화를 냈습니다. 사람들이 저와 제 아이에게 '다문화, 다문화' 그러는데 어떻게 받아들여야 좋을까요?"

선생님과 함께 공부하는 우리 반 아이들 역시 은수처럼 '다문화'의 의미를 물어봅니다. 왜 한국인 친구들이 자신들을 향해 '다문화'라고 부르는지 매우 궁금해하지요. '다문화'는 말 그대로 여러 민족이나 국가의 문화가 함께 있는 것을 말해요. '다문화 가정'은 가정 안에 여러 문화가 함께 있는 것을 말합니다.

은수네 집을 예로 들어 설명할게요. 은수 아버지는 태어날 때부터 한국 사람입니다. 우즈베키스탄 사람인 은수 어머니는 결혼하면서 한국에 온 결혼 이민자입니다. 두 분이 결혼하셔서 한 가정을 이루셨어요. 은수네 부모님이나 이사벨 아주머니는 같은 경우지요. 이러한 가정을 우리나라에서는 다문화 가족이라고 불러요. 자, 다른 다문화 가족을 찾아볼까요?

샛별이 아버지는 대학에 다닐 때까지 중국 국적이었어요. 한국에 유학을 와서 경상도에 살고 있는 큰할아버지를 만났대요. 그래서 샛별이 아버지의 할아버지가 족보에 계신 것을 찾아 확인하고, 한국 국적을 되찾을 수 있게 되었지요. 그 후 한국 사람과 결혼해서 예쁜 샛별이를 낳았어요. 샛별이네 집도 다문화 가족이에요.

미샤는 러시아에서 이모와 살고 있었어요. 미샤네 엄마는 한국 사람과 재혼했어요. 한국인 새 아빠가 함께 한국에서 살자고 해서 그때부터 한국에서 살았지요. 이듬해, 눈에 넣어도 아프지 않을 만큼 사랑스러운 동생 준혁이가 태어났어요. 미샤네 집도 다문화 가족이라고 해요.

우리 주변에는 한국인 아버지와 외국인 어머니, 그들이 낳은 아이들로 구성된 다문화 가족이 가장 많이 있어요. 우리나라는 다문화 가족들에게 한국에서 더 잘 생활하고 적응할 수 있도록 지원해 주고 있답니다. 그런데 부모님이 모두 우즈베키스탄 사람인 나사르네 집, 부모님 두 분 다 몽골 사람인 보르추네 집도 다문화 가족의 지원을 받고 있어요. 부모 모두 외국인인 가정은 다문화 가족

이라고 하지 않는데도요. 하지만 우리나라는 부모님 모두 외국인인 가정에도 다문화 가족 지원을 하고 있답니다. 그 아이들이 기본권(기본적인 인권)을 보장받아 잘 자랄 수 있도록 말이지요.

한국인 아버지와 어머니로 구성된 가정에는 한국 문화 하나만 있어요. 그런 이유로 한국에서 다문화에 대해 말할 때 한국 문화를 빼고 생각하는 경향이 있어요. 한국 문화도 다양한 문화 중 하나입니다. 한국 사람들도 다른 나라로 여행을 가거나 몇 개월 또는 몇 년씩 생활할 수 있어요. 학생들은 다른 나라로 공부하러 갈 수도 있고요. 한국 사람들이 비행기에서 내리는 순간 한국 문화가 '다양한 문화' 중 하나라는 걸 금방 깨닫게 되지요. 예를 들면 한국인 학생들이 미국 학교에 입학하면 다문화적 학생(Multi-Cultural student)이 된답니다.

세상에는 굉장히 다양한 문화가 있어요. 한국 문화, 일본 문화, 중국 문화, 미국 문화, 필리핀 문화, 칠레 문화 등. 202개의 국가 수보다 더 많은 문화들이 있습니다. 한국 문화도 그 다양한 문화들 중 하나예요. 한국 문화가 다문화와 별개가 아니라 다양한 문화 중 하나라고 생각해야 합니다.

여러분은 이사를 가본 경험이 있나요? 같은 동네에서 이사를 했는데 학교가 멀어서 전학을 가야 하는 일이 있어요. 같은 동네인데도 잔뜩 긴장을 하죠. 익숙하지 않은 것들은 때로는 두려워요. 그런데 같은 동네도 아닌 더 먼 곳에서 왔다면 더더욱 긴장할 수밖에 없어요. 같은 나라 안에서도 지역만 달라도 문화가 낯선 것이 많아요. 새로 적응해야 할 것들이 더 많거든요. 그러니 이 나라에서 저 나라로 옮겨가서 사는 일은 얼마나 어렵겠어요? 정말 적응하기 힘들 것 같아요.

이사와 비슷한 느낌을 주는 것이 바로 '이주'예요. 엄마나 아빠 또는 가족 전체, 일가친척 모두, 한 지역에 살던 공동체와 민족이 본래 살던 지역을 떠나 다른 지역으로 이동하여 정착하는 것을 이주라고 하지요.

외국인이었던 은수 어머니가 우즈베키스탄을 떠나 한국에서 결혼하고 사랑스런 은수를 낳아 정착한 것이 이주예요. 이사벨 아주머니가 머나먼 칠레에서 한국인과 결혼해서 한국에 온 것 역시 이주입니다. 우리 반 아이들이 부모님을 따라 나이지리아, 러시아, 베트남, 스리랑카, 에콰도르, 인도, 일본, 중국, 키르기스스탄, 콩고, 태국 등의 나라에서 한국에 온 것도 이주랍니다. 선생님은 다문화 가족이나 다문화 가정이라는 말보다는 '이주배경 가족'이나 '이주배경 가정'이라는 말이 더 어울린다고 생각해요.

한국인 친구들이나 주변 사람들이 자꾸 은수와 다른 사람들을 나누는 기준으로 '다문화'라는 표현을 사용하니까 기분이 나쁠 수 있어요. 이럴 때는 은수의 용기가 필요해요. 그들에게 '다문화 속에 다 같은 한국 사람, 함께 살아가야 할 미래'에 대해 설명해주는 것은 어떨까요? 만일 이사벨 아주머니 말씀처럼 학교에서 '다문화 가정 학생은 손을 들어보라.'고 했다면 이건 좀 심각해요. 아마도 다문화 가족을 지원해주려고 학교에서 다문화 가정 학생인지 조사했을 거예요. 하지만 그것은 학생의 개인정보니까 정보를 보호하기 위해 따로 조사하거나 상담해달라고 학교에 직접 요청하게끔 해야 해요.

다문화 가족인가 다문화 가족이 아닌가, 다문화인가 이주인가 등의 말로 사람들을 이편저편으로 나누는 것은 옳지 않아요. 우리가 함께 살아가는 대한민국에서 서로 얼마나 이해하고 존중하는지가 더 중요하지요. 우리가 어떻게 어울려 살아갈 것인가를 함께 고민하는 것이 지금 우리에게 가장 필요합니다. 다 같이 힘내서 파이팅!!!

나는 소중한 사람이에요

+ 어느 나라 사람일까요?

"저는 한민이에요. 우리 엄마는 일본 사람이지만 아빠가 한국
사람, 저는 한국에서 태어났어요. 할아버지와 할머니 모두 한
국 사람, 큰아버지랑 고모도 모두 한국 사람이에요. 저는 제가
한국 사람이 아니라는 생각을 해본 적이 없어요. 저는 한국말
을 잘하고, 다른 애들보다 공부도 잘해요.
초등학교 때 엄마가 일본 문화를 가르쳐주러 학교에 오신 적이
있어요. 그 후로는 일본과 관련된 것이 있으면 동윤이와 세희는

지나치게 저를 찾아요. 일본과 한국이 축구경기를 하는 날이면 "한민아, 넌 어느 나라 편이냐?", "오늘 저녁에 누구를 응원할 거니?"라며 벌떼처럼 물어요. 저는 당연히 가족들과 붉은 악마 티셔츠를 입고, 목이 쉴 때까지 대한민국을 응원하는 데 말이죠. 애들은 관심인지 모르겠지만 저는 피곤할 따름이에요."

다문화 가정이라는 말이 생겨나기 전에도 한민이와 비슷한 고민을 하는 친구들이 있었어요. 엄마가 중국 사람인 인석이, 아빠가 스리랑카 사람인 소율이도 한민이와 같은 고민 때문에 선생님 교실에 왔었지요. 인석이와 소율이도 한국에서 태어났고, 다른 친구들과 다름없이 생활하고 있는 한국 사람인데 말이죠. 단 한 번도 자신을 외국인이라고 생각한 적이 없는데 학급 친구들이 어느 나라 사람인지를 묻자 매우 못마땅해했어요. 마치 울 것 같은 표정이거나 화가 난 표정들이었죠.

선생님이 한민이의 입장이었어도 같은 마음이었을 거예요. 듣기 좋은 말도 한두 번이지 여러 번 들으면 질리잖아요. 한민이의 피곤한 마음이 이해됩니다.

아마도 친구들은 한민이의 생각이 궁금했을 거예요. 여러 나라의 문화가 함께 있는 가정에서 자라는 한민이의 생각이 궁금한 거죠. 그래서 한민이가 자신을 어느 나라 사람이라고 생각하는지 물어봤을 겁니다. 혹시 한민이가 지금 생각하고 있는 걸 동윤이나 세희에게 말해본 적이 있나요? 한민이는 한국에서 태어나 한국을 누구보다 자랑스러워하는 마음을 가지고 있잖아요. 그 마음 그대로 목에 힘을 빡~ 주고 말해보세요.

"당연히 한국을 응원하지. 오늘 한국이 이길 거야!"

어쩌면 친구들이 한민이에게 이렇게 말할 수도 있어요.

"엄마가 일본 사람이니까 일본 축구팀을 응원하는 것 아니야?"

그러면, 다시 어깨를 활짝 펴고 진심을 담아 친구들의 눈을 보며 이야기해주세요.

"우리 엄마는 일본에서 태어나서 자랐으니까 일본을 사랑해. 일본을 사랑하니까 일본 축구팀을 응원하는 것은 당연하잖아? 그런데 20년 후에 내가 다른 나라에 가서 산다면 나는 그때도 한국 축구팀을 응원할 거야. 왜냐면 나는 한국 사람이니까. 한국을 사랑하니까! 동윤아, 네가 20년 후에 호주에서 살고 있다고 생각해 봐. 마침 한국 대 호주 축구경기가 열렸어. 너는 어느 나라를 응원할 것 같니?"

축구경기가 끝난 후 다음 날, 경기 결과에 예민한 친구들이 비슷한 질문을 할 수도 있어요. 한민이의 생각을 들어보지 않은 친구들도 그렇고요. "넌 어제 어느 나라를 응원했냐?"고요. 그때는 한민이가 먼저 말해보는 것은 어떨까요?

"야, 어제 축구 봤지? 차두리 선수가 70m나 몰고 가서 패스한 공이 골인했더라. 완전 멋있었어. "대~~~한민국" 응원하느라 목이 다 쉬었네."

며칠 전 선생님에게 윤아가 찾아왔어요. 윤아의 엄마는 필리핀 사람이지요. 한국에서 태어난 인석이나 소율이와는 달리, 윤아는 필리핀에서 태어났어요. 윤아는 영어와 따갈로어를 잘해요. 돌잔치부터 12번째 생일파티까지 필리핀에서 필리핀 친구들과 함께했어요. 윤아는 한국에 온 지 두 달밖에 되지 않아요. 그래서 한국어를 몇 가지만 간단하게 말할 수 있어요. 그렇지만 다른 사람이 말할 때 열심히 듣고 이해하려고 노력하는 친구랍니다.

한번은 주말에 윤아네 가족들이 친척집에 갔는데 친척 동생이 이렇게 물어봤대요.

"누나는 어느 나라 사람이야?"

윤아가 선생님에게 와서 이럴 때는 한국말로 어떻게 말해야 하는지 알려달라고 했어요. 그래서 선생님도 윤아에게 물었지요.

"윤아야. 너는 어느 나라 사람이라고 생각하니?"

그랬더니 윤아가 대답했어요. 굉장히 쿨(cool)하게.

"HALF."

영어 half는 한국어로 절반, 1/2을 의미해요. 윤아는 아버지가 한국 사람이고 어머니가 필리핀 사람이니까 '한국 사람 반, 필리핀 사람 반'이라는 의미로 말했지요. 절반씩을 물려받았으니까 50%와 50%가 더해져서 100%가 된다고 하면서요. 선생님은 간단하고 명확하게 "half."라고 말하는 윤아를 보며 빙그레 웃었답니다. 한국도, 필리핀도, 절반씩 물려받았음을 자신 있게 말하는 윤아가 매우 빛났어요.

"BOTH."

이건 선생님의 희망사항이에요. 나는 다문화 가정의 학생들이
"both." 이렇게 대답했으면 하고 바랍니다. 영어 both는 한국어
로 양쪽, 두 편을 의미하지요. 100% 한국 사람인 아버지와 100%
필리핀 사람인 어머니, 양쪽을 모두 다 닮았다는 자신감으로
"both."라고 말하면 좋겠어요.

드라마를 보면 어려운 상황에서 헤어져야만 했던 부모와 자식
이 극적으로 만나는 장면이 나와요. 서로 확인하는 정확한 증거를
위해 유전자 검사를 하는 장면을 본 적이 있지요? 유전자 검사가
99.99% 일치한다는 서류가 TV 화면에 확대되어 나와요. 우리는
아빠와 99.99% 일치하는 유전자, 엄마와 99.99% 일치하는 유전
자를 모두 가지고 태어난 200%의 보물들이라고 생각해요.

누군가가 우리에게 아빠 나라 사람이냐, 엄마 나라 사람이냐고
묻는다면 이렇게 대답하는 것은 어떨까요? 200%의 가능성을 지
니고 태어난 양쪽 나라 사람이라고 말이죠.

+ **우리는 어떤 꽃?**

선생님에게는 후사코라는 제자가 있어요. 후사코는 일본에서
태어나 초등학교 6학년까지 지내다 한국에 왔어요. 하루는 후사코

가 엉엉 울면서 선생님에게 왔어요. 후사코는 평소 크게 떠들지도 않고 조용조용하게 생활하기에 선생님은 매우 놀랐지요.

"선생님, 애들이 일본놈이라고 욕해요. 일본에 있을 때는 애들이 조센징이라고 하고, 한국에서는 일본놈이라고 욕해요. 어떡해요⋯⋯."

후사코의 아빠는 일본 사람이고, 엄마는 한국 사람이에요. 후사코의 말을 들으면 일본에서 학교를 다닐 때는 엄마가 한국 사람이라서 놀림을 받았대요. '엄마가 한국 사람이니까 후사코도 한국 사람'이라며 한국에 가라고 손가락질까지 하는 아이들도 있었다고 해요. 어떤 아이들은 후사코를 보고 이름 대신 かんごく(감옥)이라고 불렀대요. "かんこく(한국)"과 "かんごく(감옥)"이 비슷한 발음이기 때문이지요. 후사코가 학교에 오면 "조센징~, 학교 왔냐?"고 놀려대서 학교생활이 힘들었대요.

"일본 학교는 한국처럼 신발장이 교실 앞에 있지 않아요. 전교생 신발장이 학교 건물 밖에 있어요. 아이들이 제 실내화를 갖다버려서 교실에 양말만 신고 들어가는 날은 슬퍼서 많이 울었어요. 저는 한국에 오면 괜찮을 줄 알았어요. 엄마 나라니까요. 애들이 저보고 일본놈이라고 놀릴 줄은 꿈에도 몰랐어요."

　선생님은 후사코 같은 고민을 들을 때마다 생각해요. 엄마가 일본 사람이고, 아빠가 베트남 사람인 게 무슨 상관일까? 부모님이 어느 나라 사람인지가 왜 중요할까? 왜 사람들은 자신과 다른 사람을 나누는 기준을 찾으려고 기를 쓸까? 마치 다문화 사람들은 너무 다르다며 편을 나누는 것 같아 참 이상하단 생각이 들어요. 우리는 사람이니까 다른 것보다 같은 것이 더 많은데 말이죠.

　일본에서는 엄마가 한국 사람이라서 놀림을 받고, 한국에서는 아빠가 일본 사람이라서 놀림을 받다니! 정말 이게 무슨 경우인지 싶어요. 후사코의 엄마가 한국 사람이라서 후사코가 물려받은 장점과, 후사코의 아빠가 일본 사람이라서 후사코가 물려받은 장점을 보아주면 좋은데 말이에요.

꽃집 앞에 놓인 여러 송이 꽃을 봐요.
사람들마다 좋아하는 꽃은 다르지만
모두 다 예뻐요.

누가 제일 예쁜지 다투지 않고
바구니 속에서 당당하게 가슴을 펴고 있어요.

사람들은 왜 비교하고 싶어 할까요?

한 사람, 한 사람 우리는 모두 달라요.

왜 그중에서 일등이 되고 싶어 할까요?

우리는 세상에 하나뿐인 꽃이에요.

한 사람, 한 사람이 모두 다 다른 씨앗이에요.

우리는 꽃을 피우는 것만 열심히 하면 돼요.

작은 꽃이나 큰 꽃

어느 것 하나도 같은 것은 없어요.

일등이 되지 않아도 괜찮아요.

우리는 아주 특별한

세상에 하나뿐인 꽃이에요.

선생님과 후사코는 그렇게 생각하기로 했어요. 엄마 아빠가 누구인가가 중요한 사람도 있을 거예요. 하지만 우리는 '우리 자신이 누구인가?'가 더 중요하다고 생각해요. 우리는 자신이 가진 성품과 재능 그리고 스스로를 빛낼 가능성으로 인정받고 싶어요.

가끔 우리가 생각하는 대로 마음먹고 생활해도 조금 더 힘들어 질 때도 있었어요. 그러면 쉬는 시간마다 후사코와 함께 '세상에

하나뿐인 꽃(世界に一つだけの花, The only one flower in the world)'이란 노래를 들었답니다. 선생님도 후사코도 여러분도 모두 세상에 단 하나뿐인 꽃입니다. 우리 모두 아주 소중하고 특별한 존재라는 노랫말에 늘 용기를 받곤 했어요. 만약 기회가 된다면 여러분도 그 노래를 들어봤으면 좋겠어요.

이중 언어를 잘해야 될 것 같은
부담감에 힘들어요

"저는 중학교 1학년 한아영이에요. 우리 엄마는 베트남에서 시집왔어요. 엄마가 젊었을 때 참 예뻤대요. 엄마는 나와 동생을 낳고 고생을 많이 해서 그런지 예전처럼 예쁘지는 않은 것 같아요. 그래도 엄마랑 외출을 할 때면 사람들이 나와 동생 지영이도 예쁘다 하고 엄마도 예쁘다 해요.

우리 동네에서는 엄마가 베트남에서 왔다는 것을 다 알아요. 우리 가족을 만나는 사람마다 "엄마가 베트남 사람이라 너도 베트남 말을 잘하겠구나! 만나서 반갑다는 말을 베트남 말로는 어떻게 말하니? 한 번 해 봐라." 며 자꾸 시켜요. 실은 나랑 내

동생은 베트남어를 전혀 모르거든요. 그런데 학교에서 선생님과 친구들까지 저에게 베트남어를 시켜서 스트레스가 정말 많이 쌓여요."

앗! 이런. 선생님도 아영이에게 사과해야겠어요. 선생님도 부모님이 외국인인 아이들에게 자주 엄마 나라말과 아빠 나라말에 대해서 물어봤거든요. 서로 이해할 수 있는 언어가 있다는 것, 그 언어로 표현할 수 있다는 것은 가족의 행복을 일구는 참 중요한 씨앗입니다. 혹시 어머니가 모국어로 잘 말씀하실 수 있는데도 한국어로만 말하느라 힘든 건 아닌지 걱정이 됩니다.

아이들에게 집에서 부모님과 어떤 언어로 말하는지 물어봤더니 다들 부모님의 언어에는 별 관심이 없더군요. 그러면 선생님이 미리 공부하고서 다음 날 학교에서 일부러 부모님의 나라말로 아이들에게 말을 붙이기도 하지요. 그럼 아이들은 선생님의 발음이 이상하다며 배꼽을 쥐고 웃어요. 선생님의 이상한 발음을 듣고 집에 가서 부모님께 그 뜻을 여쭈며 여러분이 부모님의 언어에 호기심을 가졌으면 해요. 그러면 비싼 학원비를 내고 어학원을 다니지 않고도 외국어를 매일 배울 수 있어요. 대학교에서 언어를 전공하는 학생들보다 더 잘 배울 수 있어요. 어린 시절부터 자연스럽게 다른 언어를 직접 들으며 성장한다는 것이 얼마나 매력적인지를 알았으면 좋겠어요.

혹 아영이처럼 선생님의 학생들도 엄마 나라말에 대해 스트레스를 받았을지도 몰라요. 선생님의 의욕이 지나쳤나 싶어 미안한 마음이 드네요. 선생님은 그것이 매우 좋은 점이라고 생각해서 그랬답니다. 또한 선생님처럼 많은 사람들이 다문화 가정의 가장 큰 장점을 언어라고 생각해요. '부모님의 나라말과 한국어 즉, 이중 언어를 잘할 것이다'라고 생각하지요. 가정생활에서 자연스럽게 배울 기회가 많을 테니까요. 그래서 기대 반, 호기심 반으로 "베트남 말로 해봐라."며 질문했을 거예요.

이 사람들에게 어떻게 설명해주면 좋을까요? 대부분 호기심으로 묻는 사람들이 많지요. 이런 사람들에게 스트레스를 받으며 피하지 말고, 아영이가 적극적으로 설명해주는 것도 좋을 것 같아요. 사람들은 아영이가 어떤 상황인지 잘 모를 수도 있거든요. 아영이는 일반 가정의 학생들과 마찬가지로 유치원이나 학교에서 우리말을 잘 배웠다고 이야기해주세요. 아영이의 어머니도 이젠 한국 생활에 익숙해져서 한국어로 말한다는 걸 말해주고요.

그리고 지금은 학교 공부를 하기에도 매우 바쁜 시기입니다. 너무나 바쁜 대한민국의 학생이기에 엄마 나라말인 베트남어를 배울 시간이 없을 수도 있어요. 하지만 조금 더 자라면 자연스럽게 엄마 나라말을 배울 거라고 이야기해보세요. 베트남어를 배우면 어머니와 아버지, 동생 지영이와 함께 베트남 여행을 갈 거라고요. 보고 싶었던 외할머니, 외할아버지, 외갓집 식구들과 도란도란 이야기꽃을 피워보고 싶다고 하면 어떨까요? 지금 당장 베트남어를 해보라고 한 사람들이 아영이의 대답을 들으면 아마도 비슷한 질문을 다시 하지 않을 거예요.

그런데 선생님이 만난 아영이의 엄마도 아영이 못지않은 고민을

하고 계셨어요. 자꾸 베트남어를 해보라는 사람들 때문에 아영이 엄마도 스트레스를 받는대요. 지금이야 다문화 가정 엄마들이 모국어를 자녀에게 가르치는 것이 더 좋다고 생각하는 사람들이 많아요. 그래서 다문화 가정 엄마들도 조금씩 모국어를 가르치기 시작했지요. 그런데 예전에는 사람들이 그렇게 생각하지 않았대요.

이건 캄보디아에서 온 찔럿 아줌마가 말해준 이야기입니다. 어느 날 찔럿 아줌마가 아이를 재우면서 캄보디아 동요를 불러줬대요. 그랬더니 친척들이 아이가 한국말을 배우는 데 방해가 된다고 눈총을 주었답니다. 십 년 전만 해도 아이가 한국말을 잘 배우게 하려고 엄마들의 모국어를 쓰는 걸 좋지 않게 생각한 것이지요. 그래서 다문화 가정의 엄마들은 자녀에게 자연스럽게 모국어를 가르칠 수 있는 기회를 놓치게 되었어요.

어떤 엄마는 선생님에게 이런 말도 했어요.

"선생님, 저는 아이들에게 중국어를 가르치지 않은 일이 이렇게 후회가 될 줄은 몰랐어요. 이제 중국 무역이 늘어나자 중고등학교에서 중국어를 제2 외국어로 배우는 학교가 많아졌어요. 우리 큰 아이가 고등학교 1학년인데 지금 중국어 때문에 힘들어하고 있어요. 이럴 줄 알았으면 어릴 때 중국어를 차근차근 가르쳤을 텐데 말이에요. 그래서 초등학교 6학년인 작은 아이에게 중국어를 가르치려 했어요. 그런데 이젠 작은 아이가 싫대요. 국어도 점점 어렵고, 영어는 따라가기만 해도 지친대요. 그런데 이제 중국어까지 해야 하냐면서요."

모 방송국의 '슈퍼맨이 돌아왔다.'라는 프로그램에는 아주 귀여운 아이 '사랑이'가 나와요. 사랑이는 일본인 엄마와는 일본어로 말하고, 한국인 아빠와는 한국어로 이야기를 해요. 일본인 친구 유토를 만나면 일본어로 장난치고, 한국 친척들이나 한국에서 온 오빠들과는 자연스럽게 한국어로 말하더라고요. TV를 보면서 선생님은 다문화 가정의 제자들을 사랑이처럼 키우고 싶었어요. 선생님도 그런 마음인데 다문화 가정의 엄마들은 어떤 마음일까요? 자연스럽게 모국어를 가르치지 않은 걸 얼마나 후회하고 부러워하는지 몰라요.

아영이와 비슷한 고민을 하는 친구도 있어요. 선생님이 3년 동안 가르친 앙파의 이야기를 들어볼까요?

"저는 중학교 1학년 앙파라고 합니다. 우리 엄마와 아빠는 태국 사람입니다. 그래서 엄마와 아빠는 집에서 태국어로 대화합니다. 선생님이랑 엄마, 아빠 모두 저에게 한국말도 잘하고 태국말도 잘하는 사람이 되어야 한다고 합니다. 하지만 저는 한국에서 태어났고, 부모님의 도움 없이 한국말을 배우는 것도 많이 힘듭니다.

어느 날은 학교에 갔더니 선생님이 저에게 꼭 이중 언어 능력을 키워주고 싶다고 말씀하셨어요. 그러면서 방과 후 태국어 배움 시간표를 짜주셨습니다. 다문화 가정의 아이들은 꼭 두 가지 언어를 잘해야 하나요?"

태국어로 대화하는 엄마와 아빠의 말을 다 알아듣다니 앙파는 참 대단한 사람이에요. 태국어로 읽고 쓰기를 배우지 않았는데 말하고 듣기를 할 수 있다니. 우리 지역에서 태어난 학생 중에 앙파보다 태국어를 잘하는 학생은 아무도 없을 거라고 했지요. 부모님과는 태국어로 말하고, 학교에서는 친구들과 한국어로 말할 수 있는 건 정말 대단한 능력이거든요.

앙파에게 두 가지 언어를 다 잘해야 하는 현재의 상황이 너무 힘들다면, 지금은 앙파가 배우고 싶은 언어를 선택해서 잘 배우는 것이 좋을 것 같아요. 지금처럼 힘든 시기가 지나가면 마음에 여유가 생기는 날이 올 거예요. 그때 남들에게는 없는 앙파의 장점을 살려 다른 언어를 꼭 배워보라고 권하고 싶어요.

무엇보다도 선생님은 앙파가 부모님과 태국어로 잘 대화할 수 있었으면 좋겠어요. 그래서 앙파가 외로운 한국 땅에서 어렵게 적응하며 살아온 부모님의 가슴속 이야기를 자연스럽게 이해할 수 있었으면 좋겠어요. 나중에 나이 드신 부모님과 앙파의 가족이 함께 행복하기 위해서 태국어를 배운다면 어떨까요? 그러면 배움의 순간이 참 소중해질 거라고 생각해요. 앙파와 아영이가 두 가지 언어를 꼭 잘해야 한다는 생각보다는 자유로운 의지가 생겼을 때 마음껏 배웠으면 좋겠어요. 자, 부담을 털고 일어나 볼까요?

PART
02

다 같이 친구인데
왜 상처를 주나요?

'말'로 내 마음을 아프게 하는
친구들이 있어요

어떤 아저씨의 이야기예요. 아저씨가 어렸을 때 살던 시골 동네
에 유달리 피부색이 까만 아이가 있었어요. 동네 아이들은 피부색
이 검은 아이에게 처음에는 장난으로 "혼혈아, 검둥개"라고 불렀
어요. 그러다가 몇 가지 별명을 더 붙여서 "깜둥이, 연탄"이라 부
르며 놀렸어요. 아저씨도 그 친구를 까맣다는 이유로 놀이에 끼워
주지도 않았고, 다른 아이들과 같이 놀렸대요. 그래서 그 친구는
학교에서도 동네에서도 많이 울었대요. 너무 외로운 어린 시절을
보내다 결국 다른 동네로 이사를 갔다고 해요.

아저씨는 마흔이 넘어서 동남아시아에서 온 여자와 결혼했어

요. 아내의 건강한 갈색 피부를 닮은 건강한 아들 민욱이와 예쁜 딸 민영이가 태어났어요. 눈에 넣어도 아프지 않을 사랑스런 쌍둥이가 태어나서 아저씨는 더 열심히 살아야겠다고 생각했어요.

　그런데 민욱이와 민영이가 자라면서 학교나 동네에서 놀림당하는 일이 생겼대요. 아이들이 민욱이와 민영이를 '까만 콩, 초콜릿'이라고 놀렸어요. 어느 날 아저씨가 밭에서 돌아오는 길이었어요. 아이들이 "쌍둥이 쪼코렛뜨."라고 놀리며 달아나고, 민욱이와 민영이가 "하지 말라고!"라고 소리 지르며 신발주머니를 휘둘렀지요. 아저씨는 마침 그 모습을 보게 되었어요. 상처를 받고 집으로 돌아오는 민욱이와 민영이를 보면서 가슴이 찢어지게 아팠어요.

그때 갑자기 오래 전에 아저씨가 놀렸던 까만 친구가 떠올랐어요. 그 친구도 아저씨의 아들과 딸처럼 상처받았을 텐데……. 예전에 아저씨가 그 친구를 놀린 벌을 자식인 민욱이와 민영이가 대신 받는 것은 아닌가 하고 후회되었어요. 이제 다시 그 친구를 만난다면 진심으로 사과하고 싶었어요. 왜 그때는 그 친구 마음을 몰랐을까? 그 입장이 되어서야만 알게 된 마음의 상처와 늦은 후회. 우리는 그런 후회를 하지 않고 싶은데 말이에요.

'까만 콩.' 참 예쁜 콩이에요. 콩자반을 하려고 콩을 고르다 보면 표면에서 반짝반짝 윤이 나요. 볶아서 입에 한두 알씩 넣고 깨물면 고소한 맛이 정말 일품이지요. 가끔 거울을 보고 있으면 까만 눈동자가 까만 콩 같다는 생각을 자주 해요. 선생님이 어릴 적에 눈동자가 크고 까만 영신이란 친구가 있었어요. 선생님이나 친구들이 부르는 별명은 '까만 콩'이었어요. 눈이 예쁜 영신이는 '까만 콩'이란 별명을 아주 좋아했어요. 귀여운 별명이라고요. 영어를 배우면서 BB(Black Bean)라고 바꾸어 부르기도 했답니다.

선생님 친구인 영신이처럼 '까만 콩'이란 별명을 좋아하는 친구도 있지만 민욱이나 민영이처럼 '까만 콩'이란 별명을 싫어하는 친구도 있어요. 친구들이 '나의 가장 예쁜 특징'을 찾아서 '까만 콩'이라고 부르는 경우도 있지만 아닌 경우도 있어요. 민욱이나 민영이처럼 피부색을 놀리는 의미로 '까만 콩'을 불렀다면 그건 아닌 경우입니다. 그리고 친구들이 아무리 예쁜 별명으로 불렀어도, 별명을 듣는 내가 싫으면 좋은 별명이 아닙니다. 더군다나 '그 별명이 싫으니까 하지 말'고 했는데 계속 부른다면 그건 정말 놀리고 괴롭히는 것입니다.

친구가 몹시 싫어하는 별명을 자꾸 부르는 아이에게 왜 그러냐고 물어봤어요. 그러면 대부분 "그냥 장난이에요."라고 웃으며 대답해요. 자, 만일 친구끼리 서로 장난을 쳤어요. 그런데 장난하는 동안이나 장난친 후에도 서로 재미있고 기분이 좋으면 아무런 문제가 없어요. 하지만 장난을 하면서 한 사람은 기분이 마냥 좋은데 나머지 한 사람은 기분이 점점 나빠졌어요. 장난 후에도 재미도 없고 한 사람은 여전히 억울한 생각으로 마음이 불쾌해요. 그러면 더 이상 장난이 아니에요. 그건 이미 폭력이 된 것입니다.

폭력은 힘으로 거칠게 제압하는 행동이라고 생각하는 사람들이 많아요. 하지만 꼭 힘을 쓰지 않아도 폭력을 가할 수 있어요. 바로 말로 폭력을 가하는 것이지요. '상대방에게 수치심을 느끼게 하는 언어'를 계속 말하는 것은 '언어폭력'이에요. 다시 말해, 절대 해서는 안 되는 행동이지요. 말은 서로 의사소통하고 존중하려고 하는 것이지 상처를 주려고 하는 것이 아닙니다. 더군다나 외모나 피부색을 이유로 놀리는 것은 매우 심각한 언어폭력이랍니다.

예전에는 한국에 피부색이 다른 사람들이 많지 않았어요. 그래서 피부색이 다른 사람이 눈에 띄고 주목을 받기 쉬웠지요. 그런 이유로 학교나 동네에서 놀림을 받는 다문화 가정 아이들이 있었어요. 그래서 학교를 그만두고 다른 동네로 이사를 가는 일도 있었어요. 그런데 지금은 한국에도 매우 다양한 나라 사람들이 와서 생활하고 있습니다. 일 때문에, 결혼 때문에, 혹은 공부 때문에 여러 이유로 함께 생활하고 있어요. 그들 모두 소중하고 사랑받고 자란 사람들입니다.

　이제는 더 이상 심각한 언어폭력을 그냥 참으면서 살아가는 세상이 아니에요. '쉬쉬' 하며 숨겨서도 안 돼요. 부당하면 부당하게 생각한다고 말해야 합니다. 언어폭력을 저지른 사람의 잘못된 말과 행동에 대해서 꼭 사과를 받아야 합니다.

　여러분이 학교나 동네에서 인종차별이 섞인 언어폭력을 당한다면 반드시 부모님이나 선생님께 알려야 합니다. 몸과 마음이 훌쩍 자라는 십 대 청소년기라서 우리는 아직 미숙한 부분이 많아요. 그런 말을 한 친구 역시 그것이 장난이 아니라 폭력임을 모를 수도 있어요. 그렇기 때문에 자신의 행동이 언어폭력이라는 걸 깨우칠 기회가 될 수 있습니다. 그래야 자신의 잘못을 고치고 바르게 자라게 될 것입니다. 그러니까 놀림을 꾹꾹 참지 말고, 이제는 말해주세요. 여러분의 고민을 함께 해결할 준비가 되어 있답니다.

제 이름이 한국 이름과 달라서
고민이에요

외국에서 살다 온 사람들은 한국 사람들의 이름과 다른 경우가
많아요. 한국 이름과 달라서 발음이 약간 낯설게 들리는 경우도
있고요. 여기에 자기 이름 때문에 한국에서 고생한 친구들의 이야
기가 있어요. 한 번 들어보세요.

"제 이름은 치치게입니다. 저는 몽골에서 왔어요. 몽골어로 치
치게는 한국말로 '꽃'이에요. 저는 제 이름이 예쁜데 한국 친
구들은 특이한 이름이라고 놀려요. 가끔 부침개라고 부르는 아
이도 있고요, 어떤 남자아이는 뒤집개라고 놀렸어요."

"아⋯⋯. 선생님, 저는 타지키스탄에서 왔어요. 제 이름은 오가이 알렉산드르입니다. 러시아어를 사용하는 타지키스탄에는 저처럼 이름이 긴 사람이 많아요. 한국에는 제 이름처럼 긴 이름이 없어요. 그래서 그런지 이름 부르다가 숨넘어가겠다고 친구들이 깔깔거려요. 한국 친구들은 이름이 보통 세 글자더군요. 그리고 이름이 길면 무슨 뜻이 많이 있지 않겠냐며 묻는데 제가 설명을 할 수 없어요."

치치게나 오가이 알렉산드르는 모두 한국식 이름과 많이 달라서 고민이 생겼어요. 참 예쁜 이름인 치치게를 한국 발음이 이상하다고 놀리는 한국 친구들에게 섭섭함을 많이 느꼈대요. 베트남에서 온 '응웬티브엉'은 한국 친구들이 자꾸 '부엉이'라고 불러서 화를 내기도 했어요.

우리의 이름은 우리가 행복하게 살길 바라는 마음으로 부모님께서 지어주셨어요. 우리가 세상에 태어나기 전부터 아빠와 엄마는 엄마 뱃속에 있는 우리에게 이름을 붙여서 매일 사랑으로 부르셨지요.

"보물단지야, 보물단지야! 무럭무럭 잘 자라라! 세상에서 제일 소중한 우리 아기."

우리의 이름이 얼마나 귀한 이름인지 몰라요! 부모님의 사랑을 듬뿍 담은 이름이지요. 그런데 친구들이 놀리니까 많이 속상할 것 같아요. 치치게나 응웬티브엉의 속상한 마음을 충분히 이해할 수 있어요. 그러니까 더더욱 친구들에게 말해야 해요. 나의 귀한 이름을 놀리며 부르는 것을 멈춰달라고 말이에요. 싫은 것은 싫다고 말해야 한다고 선생님이 말한 것을 기억하죠?

친구들과 '예쁜 별명 부르기' 운동을 해보는 것도 꽤 좋은 방법이에요. 주변을 둘러보면 평소에 이름이나 별명 때문에 마음이 상한 친구들도 여럿 있을 거예요. 대놓고 표현하지는 않았지만 치치게의 의견에 동의하는 친구들도 있을 거예요. 그 친구들과 함께 '친구가 좋아하는 별명을 부르기'를 시작해볼까요? 아마 친구들 사이가 더 좋아질 거예요.

선생님에게는 몽골에서 온 제자가 있어요. 그 제자 이름이 '바이르 바이즈갈랑'이지요. 한국어로 '기쁨'이란 뜻입니다. 바이르 바이즈갈랑 역시 한국식 발음이 어렵고 이상하다며 친구들이 놀렸어요. 사실 선생님도 바이르 바이즈갈랑의 이름을 정확하게 불러 주려고 매일 몽골식 발음을 연습했는데 잘 안 되더군요. 친구들은 '바이르'와 '바이즈'의 순서를 바꾸는 실수도 자주 했고요. 어떤 친구는 '바이즈갈랑' 발음이 어려워서 "갈랑아."라고 줄여서 부르기도 했어요.

　세계 여러 나라의 언어들은 언어권마다 발음이 다릅니다. 다른 언어에는 없는 발음들이 있기도 합니다. 그래서 한국어에 없는 발음이라 그 친구의 이름을 제대로 못 부르는 경우도 있어요. 정말 발음하기가 어려워서 못 부르는 것이지요. 선생님은 그런 어려움을 바이르 바이즈갈랑에게 설명해줬어요. 그리고 같이 생각했어요. 부모님이 귀하게 주신 이름을 바꿀 수는 없고, 매일 부르는 이름이니 발음을 제대로 해야 좋은데……

　바이르 바이즈갈랑은 친구들에게 자기 이름의 뜻을 설명해줬어요. 그리고 너무 길거나 발음이 어려워서 힘들다면 한국말로 "기쁨아."라고 불러 달라고 말했어요. 그 후 친구들은 바이르 바이즈 갈랑을 "기쁨아."라고 불렀어요. 그 덕분에 기쁨이와 친구들은 주변에서 부러워할 정도로 끈끈한 우정을 자랑하게 되었어요.

'치치게'란 이름은 짧고 발음이 어렵지 않으니까 친구들이 잘 부를 수 있어요. 그래도 혹시 친구들이 발음이 어색하고 장난처럼 들린다면 '꽃님아'라고 불러 달라 해보면 어떨까요? 해님, 달님, 별님처럼 치치게의 뜻인 '꽃'에 '님'을 붙여서 '꽃님'이라고요.

오가이 알렉산드르처럼 이름이 길어도 고민일 거예요. 알렉산드르가 말한 것처럼 한국 이름은 보통 세 글자거든요. 처음엔 긴 이름에 익숙하지 않아서 알렉산드르를 잘못 부를 수도 있어요. 하지만 시간이 흐르면 저절로 나아지기도 합니다. 시간이 지나면 친구들이 긴 이름도 제법 익숙해져서 잘 부르게 될 거예요.

알렉산드르와 같이 러시아어 이름은 애칭이 있는 경우가 많아요. 알렉산드르의 할아버지와 할머니, 부모님은 알렉산드르를 '사샤'라고 부른대요. 그렇다면 친구들에게도 '사샤'라고 불러 달라는 것은 어떨까요? 친구들끼리 애칭으로 부르면 더 친한 느낌이 들어서 베프(Best Friend)가 되던걸요.

그리고 부모님께 '알렉산드르'라는 이름을 지은 이유도 여쭈어 보세요. 율리아는 '7월에 태어난 여자아이'란 뜻이래요. 그래서인지 7월이면 학생들 중에서 율리아가 가장 빛나 보여요. 알렉산드르는 우리 인간의 수호자란 뜻이래요. 안드레이는 용감한 사람이란 뜻이고요. 억사나는 귀한 손님, 세르게이는 높으신 분 등 이름마다 뜻이 있어요. 자기 이름의 뜻을 알고, 자신의 이름을 존중하는 사람으로 성장하길 바래요. 알렉산드르는 자기 이름처럼 멋진 수호자가 되리라 믿어요. 수호자여, 선생님도 잘 지켜주세요!

가난한 나라에서 왔다고
저를 불쌍하게 봐요

"저는 쟈스민입니다. 우리 가족은 에티오피아 사람입니다. 아빠가 직장 때문에 한국으로 오게 되어 함께 왔습니다. 한국말을 하나도 모르는 저에게 아이들이 한국말도 가르쳐주고 굉장히 친절했습니다. 이제는 말이 많이 늘어서 아이들과 웃으며 농담도 합니다. 수업이 끝나면 친구들과 떡볶이랑 붕어빵을 사 먹으며 집에 갑니다.

우리가 붕어빵을 먹는데 어떤 한국 사람이 저를 보고 어느 나라 사람이냐고 물었습니다. 제가 에티오피아 사람이라고 했더니 '가난한 나라에서 왔네. 아프리카는 다 못사는 나라니까.' 라고 말했습니다. 아프리카에 가본 적도 없는 것 같은데, 그 사람이 아프리카를 무시하는 것 같아서 속상했습니다.

수업시간에 제가 피아노를 치는 것을 좋아한다고 발표했습니다. 그랬더니 규빈이가 '쟈스민, 너네 나라는 가난한데 피아노를 치는 것을 어떻게 배웠지?'라고 말했습니다. 무척 놀라면서요.

주말에 놀이공원에 놀러 가려고 친구들과 돈을 모았습니다. 제가 돈을 꺼내는데 신정이가 그랬습니다. '에티오피아 사람들은 가난하다는데 쟈스민은 돈을 내기 어렵겠다. 그냥 우리가 내주자.'

아……. 저를 생각해서 하는 말인지, 무시해서 하는 말인지 매번 기분이 나쁩니다. 친구들에게 어떻게 말해야 할까요?"

아, 쟈스민의 맑은 눈이 마구 흔들렸어요. 선생님도 쟈스민의 고민을 충분히 느낄 수 있어요. 나를 배려해주는 호의인지 무시인지가 헷갈리는 상황도 많을 것 같아요. 사실 대한민국과 에티오피아는 참 친한 나라입니다. 70년 전 에티오피아는 한국보다 경제적으로 훨씬 잘사는 나라였어요. 6·25 전쟁 때 이야기예요. 남한과 북한 사이에 전쟁이 벌어졌지요. 그때 에티오피아에서 1000여 명이 넘는 군인들이 한국전쟁에 도움을 주려고 왔어요. 에티오피아

병사들이 전투 중에 구한 전쟁고아를 부대에서 길러 주었다는 훈훈한 이야기도 있어요. 그리고 피난민들을 위해 캠프 막사를 빌려 주었다는 이야기도 있습니다. 이러한 이야기들은 아직도 우리 가슴을 따뜻하게 하지요. 선생님은 에티오피아가 65년 전에 대한민국이 어려울 때 도와준 것처럼 에티오피아에 어려움이 닥친다면 우리가 도와야 한다고 생각해요.

늘 생각하는 거지만 잘 모르기 때문에 실수하는 것이 많아요. 에티오피아 사람인 쟈스민 앞에서 에티오피아에 대해 이러쿵저러쿵 말한 것은 정말 큰 실례입니다. 아마도 친구들이나 요즘 한국 사람들이 이러한 역사를 잘 알지 못해서 쟈스민에게 실수를 했을 것입니다. 대한민국과 에티오피아의 사이좋은 관계를 잘 알고 있다면 그렇게 말하고 행동하지는 않았을 거예요.

한국 사람들 중에는 에티오피아를 못사는 나라라고 생각하는 사람들이 있어요. 한국 TV나 신문, 잡지에서 보이는 에티오피아는 배고픈 사람들이 많고, 의료 지원이 매우 필요한 나라로 나오기 때문입니다. 그래서 한국 사람들 중에는 에티오피아의 힘든 상황을 보고, '아! 우리가 도와줘야겠구나!' 하고 생각하게 되죠. 그러다가 에디오피아 사람들은 모두 가난하고 도움이 필요하다고 생각해버리게 되는 거지요. 생각의 실수지만, 절대로 쟈스민을 불쌍해하는 것이 아니니 너무 속상해하지 말아요. 오히려 쟈스민과 에티오피아에 관심이 있기 때문에 한 실수일 거예요. 그러니 넓은 마음으로 친구들의 실수를 이해해줄래요?

자, 그래도 친구들의 말과 행동이 거슬린다면 이렇게 해보는 것이 좋겠어요. 쟈스민이 먼저 대한민국과 에티오피아의 관계에 관심을 갖고 공부해보면 어떨까요? 쟈스민에게 먼저 공부해보라고 해서 좀 부담스럽죠? 하지만 두 나라의 역사적인 관계를 알고 나면 친구들에게 정확히 말해줄 이야기가 많아질 거예요.

에티오피아에 대한 사회 · 정치 · 경제와 관련된 공부도 해보면 좋겠어요. 한국에서 찾아보는 정보들은 에티오피아에서 공부할 때보다 쟈스민의 조국인 에티오피아를 더 객관적으로 볼 수 있도록 해줄 거예요. 예전에는 에티오피아보다 못살았던 한국이 어떻게 해서 잘살게 되었는지 알아보는 것도 좋아요. 한국보다 잘살던 에티오피아가 정치적 혼란으로 더 발전할 기회를 놓쳤을 가능성이 있어요. 그래서 지금도 경제적인 발전이 과제로 놓여 있다는 걸 쟈스민이 먼저 알았으면 해요.

에티오피아는 예가체프라는 커피가 아주 유명해요. 커피를 많이 마시는 한국 사람들이 카페에서 예가체프를 주문하고 분위기를 즐겨요. 요즘 한국 사람들은 커피를 진짜 많이 마셔요. 아침에 모닝커피를 마시고, 점심 먹고 나서 커피를 마시고, 회의할 때도 커피를 마셔요. 하루에 대여섯 잔씩 마시는 사람들이 많아요. 이렇게 커피를 즐기는 사람들이 많아지면서 한국이 다른 나라에서 커피를 수입하는 금액이 1,000,000,000,000원이 넘을 것이라는 말도 있어요.(앗!! 엄청나죠? 1조예요.)

커피를 수출하는 나라들이 공정한 가격으로 커피를 파는 공정무역(fair trade)이 제대로 이루어진다면 에티오피아는 더 크게 발전할 수도 있어요. 에티오피아의 자랑거리가 경제 발전에도 큰 역할을 할 수 있지요. 그러니까 에티오피아의 경제 발전이라는 숙제를 어떻게 풀 것인가를 에티오피아를 사랑하는 쟈스민이 진지하게 생각해봤으면 해요. 그리고 한국 친구들에게도 설명할 수 있었으면 해요.

사람은 진심으로 말하는 사람의 소리에 귀 기울이게 되어 있어요. 그 사람이 성숙하다면 더더욱 진심의 소리를 잘 들을 수 있을 거예요. 쟈스민이 진심으로 이야기한다면 친구들이 에티오피아에 대한 선입견이 없어지리라 믿어요.

물론 단호하게 말해야 할 때도 있어요. 한국에도 여러 계층의 사람들이 있어요. 사람들의 생활 수준도 다르지요. 에티오피아나 아프리카 대륙에 있는 다른 나라들도 그렇습니다. 많이 배운 사람이 있는가 하면 배움의 기회가 없었던 사람이 있어요. 가난한 사람이 있는가 하면 부자가 있습니다. 쟈스민의 부모님은 열심히 공부하셔서 우수한 능력으로 한국에 파견을 온 것일 겁니다. 성실히 일하셔서 남부럽지 않은 경제력을 갖게 된 것이고요. 쟈스민에게 대신 돈을 내주자는 신정이에게 "도움은 도움이 필요한 사람에게 주는 거란다. 나는 도움이 필요한 사람이 아니야." 하고 단호하지만 친절하게 말하세요. 때에 따라서는 규빈이나 신정이가 이해할 수 있도록 쟈스민의 생활을 여러 번 반복해서 이야기해야 할 수도 있어요. 사람의 생각을 바꾸는 것은 쉬운 일이 아니에요. 친구들이 선입견을 고칠 수 있도록 쟈스민이 도와주는 건 어떨까요.^^

나라끼리 사이가 좋지 않은 것이
너무 신경 쓰여요

"야, 이선준, 일본이 잘못했다고 생각하지 않아?"

"이건 제 마음에서 들리는 소리입니다. 제 자신에게 물어보고, 제가 어떻게 대답해야 할지 밤새 고민합니다. 말할까 말까 망설였습니다. 우리 아빠는 일본 사람입니다. 제가 이씨 성을 가진 것은 엄마의 성을 물려받았기 때문입니다. 5학년 때 사회에서 역사를 배웠습니다. 수업시간에 아슬아슬한 마음으로 가슴을 졸였던 기억이 있습니다. 왜냐고요? 임진왜란과 일제강점기를 배우면서 수업시간 내내 고개를 들지 못했습니다. 물론 아무도 아빠가 일본 사람인 저를 쳐다보지 않았습니다. 그런데 저는 혹시 누가 제 이름을 외칠까 봐 머리카락은 쭈뼛 서고, 심장이 터질 것처럼 쿵쾅거렸습니다. 빨리 수업시간이 끝나기를 기다리며 시계만 쳐다봤어요.

중학생이 되어 이제는 아무렇지 않게 행동하지만 일본 이야기가 나올 때마다 역시 마음이 편하지 않습니다. 삼일절이든 광복절이든, 독도나 위안부 뉴스가 나온 날이면 친구들이 수군수군하는 것이 느껴집니다. 우리 반 애들은 제게 대놓고 물은 적이 없습니다. 오히려 다른 반 애들이 물어봅니다. "너는 어느 나라 사람이냐?", "누가 잘못했다고 생각하느냐?" 하고 뜬금없이 통통거립니다.

TV에서 일본에 대한 기분 나쁜 감정을 드러내며 화가 나서 인터뷰하는 사람들이 종종 나옵니다. 그런 걸 보면 제 친구들도 일본에 대해 좋지 않은 감정을 가지고 있겠죠…… 함께 장난도 치고 이야기를 잘하다가도 이런 문제가 나오면 친구들과 시선을 제대로 맞추지 못합니다."

선준이와 비슷한 고민이 있는 사람은 손들어 보세요. 망설이지 말고! 선준이의 고민은 일본하고만 관련된 문제가 아니에요. 다른 나라에 가서 생활하는 사람들이면 한 번쯤 해보는 고민이에요. 여러 문화를 배경으로 하는 가정의 사람들도 고민하는 부분이지요. 너는 어느 나라 사람이냐? 나는 어느 나라 사람인가? 참 중요한 고민입니다.

선준이와 비슷한 고민을 하는 친구들이 있어요. 아버지나 어머니가 중국이나 러시아에서 왔거나, 중국이나 러시아인 학생들은 6월이면 마음이 복잡해져요. 6월에는 6월 6일 현충일과 6월 25일 한국전쟁이 일어난 날이 있어요. 6 · 25 전쟁 때 북한과 남한이 무려 3년 동안 치열한 전투를 치렀지요. 그리고 중국과 러시아가 끼어들어 지금의 휴전선이 만들어지게 되었지요. 이런 내용을 알고서 가족 중에 중국이나 러시아 사람이 있는 친구들은 선준이처럼 고민을 해요. 내가 뭔가 잘못한 것도 아닌데도 감정적으로 힘들어하지요. 하지만 나라의 관계에 따른 문제를 내 문제로 너무 동일하게 여기는 것은 아닌가 생각해볼 필요가 있어요.

자, 먼저 나라의 관계부터 정확히 살펴보는 것이 어떨까요? 친구들끼리 사이가 좋을 때도 있지만 다툴 때도 있어요. 비가 온 뒤에 땅이 굳는다고 하죠? 친구들끼리 다투고 또 그 문제를 잘 해결하고 나면 관계와 믿음이 더욱 단단해지기도 해요. 나라들끼리도 그렇습니다. 나라끼리도 의견이 같으면 친밀해지고, 의견이 분분해지면 다투기도 해요. 다툼이 짧게 끝나는 경우도 있고, 다툼이 길어져서 화해가 막막한 경우도 있어요. 한국과 일본의 관계가 그런 것 같아요.

한국과 일본처럼 지리적으로 가까운 나라끼리 사이가 좋지 않은 경우가 있어요. 몽골과 중국, 중국과 일본, 영국과 프랑스, 프랑스와 독일 등 많은 나라들이 서로 사이가 좋았다가 안 좋았다 합니다. 왜 그런지를 살펴보면 '과거(過去)'의 역사가 현재까지 영향을 많이 준다는 사실을 알 수 있어요.

나라들끼리 사이가 좋지 않으면 국민끼리도 감정이 좋지 않은 경우가 흔합니다. 역사를 살펴보면 한국과 일본은 일제강점기로 감정이 좋지 않아요. 일본이 한국을 35년 동안 무단으로 지배하면서 한국 사람들은 굉장히 큰 고통을 겪었어요. 일본은 35년 동안 우리말과 우리글을 쓰지 못하게 했고, 땅이며 집이며 강제로 빼앗은 것들도 많지요. 남자들은 노동자나 군인으로 일본에 끌려갔고, 여자들은 위안부로 끌려갔어요. 그 시대를 산 할아버지나 할머니들은 일제강점기의 기억으로 울분을 감추지 못하십니다.

선준이가 아는 것처럼, 독도나 위안부 문제는 아직도 해결되지 않은 문제라서 굉장히 예민해요. 일본 사람들 중에서 제 2차 세계대전 때 동아시아 지역에서 전쟁을 일으키고 다른 민족을 학살하거나 수탈했던 과거를 사과하는 사람들도 있어요. 선생님이 만난 일본인들은 과거 일본의 행위에 대해 미안해하고 사과하고 싶어했어요. 그리고 무엇보다도 일본에는 한국 사람을 좋아하고, 한국 문화를 사랑하는 사람들이 많이 있어요.

하지만 후손들에게 일본의 잘못을 가르치지 않고 역사를 왜곡해서 가르치는 일본인들도 있어요. 하나도 반성하지 않는 일본인들도 있지요. 일본 정부가 잘못된 과거 역사를 바로잡지 않고 현재까지 잘못을 반복하고 있답니다. 그래서 한국이나 중국, 동아시아 국가의 국민들은 일본에 대한 감정이 좋지 않은 거랍니다.

우리는 '누구에게 화가 나는가?'를 곰곰이 생각해볼 필요가 있어요. 일본 사람들 모두에게 화가 나는 것인가요? 아니면 과거사를 반성하지 않는 일본 정부와 일부 일본 사람들에게 화가 나는 것인가요? 이것을 잘 생각해봐야 해요.

나라의 관계, 정부의 잘못은 일본인 아빠를 둔 선준이가 개인적으로 해결할 수 있는 문제가 아니에요. 그렇기 때문에 친구들도 선준이에게 책임을 묻거나 좋지 않은 감정을 표현하면 안 된다고 생각해요. 선준이가 잘못한 것이 아니고, 선준이가 잘못 생각하고 있는 것이 아니기 때문이에요. 친구들이 일본과 선준이를 동일시하지 않도록 선준이의 생각을 정확히 말하는 것이 좋아요. 감정이 좋지 않은 친구들에게 말하기가 쉽지 않겠지만 나의 친구 관계를 위해서 때로는 용기를 내야 합니다. 친구에게 진심을 담아 이렇게 말해보세요.

"나는 과거 일본의 행동이 잘못했다고 생각해. 우리 가족도 마찬가지야. 우리 아빠는 엄마를 통해 한국인의 슬픔을 더 잘 알게 되었어. 그리고 참 가슴 아프다고 하셨어. 나도 그렇게 생각해."

친구들이 날이 선 질문을 할 때는 실제 역사에 대한 선준이의 생각을 객관적으로 말해보세요. 이것은 일본인인 아빠에게 미안한 일이 아니란 것도 알아야 해요. 잘못된 것을 반성할 줄 아는 것은 매우 성숙한 행동이거든요. 중요한 것은 반성하고 잘못을 되풀이하지 않는 것이랍니다. 일본에 감정이 좋지 않은 친구들에게도 이렇게 이야기해보는 건 어때요?

"한국과 일본을 위해서 내가 할 수 있는 일이 무얼까 생각해 봤어. 아직도 반성하지 않는 일본 사람들을 변화시키는 것이 가장 중요한 것 같아. 근데 사람의 생각이 그냥 변하지는 않잖아. 난 아빠가 일본 사람이라 일본 사람들의 생각 방식이나 변화시킬 수 있는 방법을 잘 알 수 있을 것 같아.

일본 사람들의 생각을 바꿀 수 있도록 설득하는 모임을 만드는 건 어떨까? 나는 한국과 일본의 역사와 문화를 골고루 아는 만큼 잘 해낼 수 있을 거야. 한국을 사랑하는 일본 사람들과도 같이 해볼 생각이야. 그래서 말인데 우리 함께하지 않을래? 우리가 함께 노력하면 많은 일본 사람들을 변화시킬 수 있을 거야. 우리처럼 한국과 일본을 더 가까운 이웃 나라로 만들고 싶어!"

어쩌면 이건 선생님이 선준이에게 보내는 '모의답안'일 수 있어요. 하지만 기회가 된다면 한 번 활용해보세요. 선준이로 인해 친구들이 일본에 대한 감정이 더 좋아질 거예요. 화이또!

그리고 무엇보다 국가와 국가, 정부와 국민 차원에서 과거 역사가 잘 정리되어야 해요. 일본 정부와 일부 일본 사람들이 진심으로 반성하고 사과하도록 나라에서도 끝까지 설득해야 해요. 일본의 청소년들이 바른 역사를 배우며 자라도록 일본에게 피해를 받은 나라들과 주변 나라들이 함께 방안을 찾아야 해요.

일본과 같이 제2차 세계대전을 일으킨 독일은 전쟁에서 지고 나서 일본과는 전혀 다른 행동을 했어요. 독일 때문에 피해를 입은 나라들에게 깊이 반성하며 진심 어린 사과를 했지요. 전쟁을 일으킨 독일의 잘못과 만행에 대해 자국민에게 철저하게 알리고 교육시켰어요. 앞으로는 다시 그런 일이 일어나지 않도록 진심을 담아 과거 역사를 정리했어요. 그래서 진정한 화해를 만들 수 있었답니다. 독일처럼 일본이 주변국들과 진정한 화해를 할 날이 빨리 왔으면 좋겠어요.

친구들이 저더러
테러리스트래요

"저는 나사르입니다. 우리 아버지와 어머니는 연구원입니다.
연구하기 위해 우즈베키스탄에서 왔습니다. 저는 아주 어렸을
때 한국에 왔기 때문에 한국 문화도 잘 알고, 한국말을 아주 잘
합니다.

우리 가족은 이슬람교를 믿어서 음식을 가려 먹습니다. 제가
사는 지역에는 이슬람 사원이 있습니다. 사원에 자주 가서 기
도를 하고, 코란도 읽습니다. 친구들도 종교에 대한 이해가 깊
어서 제가 한국 생활을 하는 데 큰 어려움은 없었습니다.

그런데 한번은 이런 일이 있었어요. 라마단 기간이었습니다.

금식 기간이라서 저는 며칠 동안 학교나 지역 청소년 모임에서 식사를 하지 않았습니다. 지역 청소년 모임에는 다양한 나라에서 온 청소년들이 방과 후 활동을 함께합니다. 평소에 말을 좋지 않게 하는 친구가 저를 보고 '배고픈데 테러를 할 수 있겠냐?'고 빙글빙글 웃으며 말했습니다. 또 한 친구는 이슬람교를 믿는 사람들은 '테러리스트'라며 험한 말을 했습니다. 기가 막혀서 아무 말도 못하고 있다가 집으로 돌아왔습니다.

너무 속상하고 울컥했습니다. 그렇지 않아도 TV나 인터넷 뉴스에서 자살폭탄 테러와 같이 이슬람에 대해 좋지 않은 내용들이 자주 나옵니다. 그것을 볼 때마다 저는 불안해집니다. 제가 걱정하는 대로 아이들이 저를 보면 어쩌나 하는 생각이 듭니다. 어떻게 말하고 행동해야 할지 모르겠습니다."

나사르의 말대로 '이슬람을 바라보는 시선'에 대해 선생님도 걱정스러운 부분이 많아요. TV에서 방송되거나 인터넷에서 검색되는 해외뉴스에서 이슬람 문화에 대한 부정적인 보도가 늘어나고 있어요. 이슬람 문화에 있는 아름다움이나 선함은 미처 소개되기 전에 말입니다. 이슬람 무장 단체들의 일화들이 먼저 전파를 타고 있어요. 뉴스를 듣는 사람들을 너무 불안하게 만들고 있어요. 성실하고 착하게 생활하는 다른 무슬림들이 오해를 받고 피해를 보는 것이 제일 안타까워요.

한국 사람들이 이슬람교에 대해서 잘못 이해하고 있는 부분이 있는 것처럼 외국에서 온 사람들도 이슬람교에 대해서 오해하고 있는 부분이 있을 거예요. 나사르에게 '테러'를 말한 아이들도 편파적인 방송을 들었다는 생각이 드네요. 그리고 이슬람교에 대해서 잘 모르는 어른들이 하는 이야기를 부분, 부분으로 단편적으로 들었을 가능성도 있고요. 부분과 부분의 이야기가 잘못 연결되면 엉뚱한 이야기가 만들어지기도 한답니다.

이슬람에 대해서 잘 모르는 친구들에게 이슬람에 대해 제대로 이해할 수 있는 기회가 필요해요. 친구들의 이해를 돕기 위해 쉽게 설명해줄 수 있는 방법에는 어떤 것이 있을까요? 먼저 친구들이 어떤 부분을 오해하고 있는지, 왜 그렇게 생각하는지를 물어봐야 해요. 그런 다음에 나사르가 부모님께 여쭈어볼 부분들을 정리해보세요. 이슬람교의 기원, 이슬람교에서 말하는 행복, 실천하고자 하는 삶들을 잘 정리해보세요. 그리고 그것을 친구들에게 정확하게 말해주는 것이 오해를 해결할 방법이라고 생각해요.

나사르가 직접 설명하기 어렵다면 이건 어떨까요? 나사르와 친구들이 이슬람 문화에 대해 설명을 듣고, 체험할 수 있는 수업에 참여하는 거예요. 또는 나사르의 아버님이나 어머님이 학교와 지역 청소년 센터에 오셔서 이슬람 문화 체험수업이나 우즈베키스

탄 문화 수업을 해주는 것도 좋은 방법이라고 생각해요.

그리고 학교 선생님이나 지역 청소년 모임을 지도하는 어른들에게 지금 상황을 솔직하게 말씀드려야 해요. 친구들이 어른들 앞에서는 그런 말과 행동을 하지 않다가 나사르가 혼자 있을 때 그러는 것일 수도 있어요. 그러면 어른들은 지금의 상황을 전혀 모를 수 있습니다. 친구들이 더 짓궂게 실수(?)하기 전에 어른들이 알아야 해요.

친구들이 나사르에게 함부로 말하는 것을 장난으로 넘기면 안 돼요. 나사르가 친구들에게 들은 말들은 언어폭력입니다. 또 나사르의 명예를 훼손하는 말들입니다. 혼자 해결하지 말고 어른들의 도움을 받아야 합니다.(음. 이건 애들 싸움을 어른 싸움으로 만들자는 의미가 아니에요.) 한국인과 외국인 사이든, 외국인과 외국인 사이든 서로의 명예를 훼손하거나 자존감을 떨어뜨리는 행위는 하지 않아야 해요. 서로 존중하고 배려하며 자라야 한다는 것을 잘 배워야 해요.

나사르와 함께 생활해본 사람들은 나사르가 걱정하는 것처럼 나사르를 나쁘게 생각하지 않아요. 나사르는 누구보다 진실한 학생이고, 선생님의 자랑스러운 제자예요. 한국에서 바르게 성장하고 있는 이웃이며 시민이지요. 그러니 불안해할 필요가 없어요. 사춘기엔 모두 마음이 아프거나 흔들린대요. 쉽게 불안해지고 자신의 정체성도 고민하지요. 이것은 어른이 되기 위한 과정이고 성장통을 겪는 것입니다.

하지만 자신이 원인을 제공한 것도 아닌데 오해하는 다른 사람들 때문에 마음이 아프다면 억울한 생각이 들 것 같아요. 친구들이 나사르의 사춘기 성장통에 보태기를 해준 것 같네요. 나중에 나사르가 잘 자라서 멋진 어른이 되었을 때 '한때 이런 고민을 했었지!' 하고 웃어넘길 시간이 올 거랍니다.

저도 도울 수 있어요

"저는 부이티빈이에요. 아빠는 제가 어렸을 때 일찍 돌아가셨어요. 엄마가 저를 가르치려고 한국에서 와서 일하다가 회사에서 만난 한국 사람과 재혼을 했어요. 저는 베트남에서 학교를 다니다가 재혼한 엄마와 함께 살기 위해 2년 전에 한국에 왔어요. 처음 1년 동안은 너무 힘들었어요. 모르는 것이 많아서요. 물어보고 싶은 것이 많았지만 한국어를 잘 몰라서 말을 못하고 듣기만 했죠.

처음에 학교에 갔을 때 담임선생님이 반 아이들에게 저는 한국어와 학교생활을 잘 모른다며 도와주라고 했대요. 친구들이 정말 친절하게 많은 것을 도와줬어요. 그때 친구들에게 고맙다는 생각이 들어요. 그 덕분에 지금은 많은 것을 알아들어요. 무슨 상황인지도 알아서 행동을 할 수 있어요.

그리고 저는 중학생이 되었어요. 담임선생님께서 "부이티빈은 외국 사람이고, 한국어도 잘 모르니 최우선으로 도와줘라." 하고 제가 없는 자리에서 말씀하셨대요. 저를 생각해주신 선생님의 배려가 무척 고마웠어요. 하지만 때때로 자존심이 상할 때도 있어요.

제가 뭐 좀 하려고 하면 친구들이 "네가 할 수 있겠냐?"는 표정으로 쳐다봐요. 학교생활에서는 역할을 나누어 조별 준비물을 맡는 일이 자주 있어요. 그런데 친구들이 제게는 말도 하지 않고 자기들끼리 준비물을 나누어 맡아요. 제가 준비해야 할 준비물까지도요. 그러고 나서 "나도 바쁜데 이런 것까지 도와줘야 해?" 하며 툴툴거리는 소리를 들었어요. 저도 할 수 있는데 말이죠.

저도 이제 한국 생활에 익숙해져서 꽤 많이 알고 있습니다. 제가 알아듣고 해결할 수 있는 일들이 많아졌습니다. 제가 친구들을 도울 수도 있어요. 어떻게 해야 선생님이나 친구들이 저를 보는 시선을 바꿀 수 있을까요?"

선생님이 기억하는 부이티빈은 매사에 성실하고 아주 예의 바른 학생이에요. 부이티빈이 한국 학교에 처음 온 날이었어요. 수업 종이 울리자 자리에서 벌떡 일어나 고개를 숙여 인사하던 부이티빈의 모습을 선생님은 잊을 수가 없어요. 알고 봤더니 베트남에서는 수업이 시작되고 또 수업을 마칠 때 학생들이 일어나서 선생님께 감사 인사를 한대요. 부이티빈과 함께한 1년이 선생님에게는 매우 행복한 시간이었어요. 선생님은 부이티빈 덕분에 베트남에 대해 많은 것을 배웠어요.

제자들을 중학교에 보낼 때, 선생님이 유일하게 걱정하지 않은 아이가 부이티빈입니다. 부이티빈은 늘 부지런하게 배우고, 최선을 다할 테니까요. 언제나 그랬으니까요. 그래서 부이티빈을 최우선으로 도와주라는 담임선생님의 말씀과 친구들의 시선에 얼마나 속상했을지 알 수 있었어요. 도움이 필요 없는데 도와주라는 말을 듣고 자존심이 많이 상했을 거예요.

부이티빈과 함께 생활해본 사람들은 부이티빈에게 그런 말을 하지 않아요. 부이티빈의 성격과 성품을 잘 아니까요. 부이티빈 스스로 잘할 수 있다는 것을요. 지금의 담임선생님은 부이티빈과 처음 생활하기 때문에 아마 그런 점을 잘 모를 거예요. 담임선생님은 아마도 부이티빈이 한국 아이들과 잘 어울리고 중학교 생활에 잘 적응하길 바라는 마음으로 그런 말씀을 아이들에게 하셨을 거예요.

부이티빈이 처음 한국에 왔을 때를 생각해보세요. 초등학교 담임선생님께서도 비슷한 말씀을 하셨지요? 그때는 부이티빈도 한국어를 하나도 모르고 예전에 다니던 학교생활과는 매우 달라서 서투른 것이 많았지요? 6학년 때는 초등학교 담임선생님의 말씀 덕분에 친구들이 부이티빈을 더 배려해주었어요. 그래서 부이티빈이 더 쉽게 한국에 적응할 수 있었고요. 그때 초등학교 담임선생님의 마음이나 지금 중학교 담임선생님의 마음은 아마 같을 거예요. 부이티빈을 걱정하고 잘 자라길 바라는 마음으로 배려한 것이지요.

하지만 이런 배려가 부이티빈의 마음을 불편하게 한다면 선생님께 이 점을 말씀드려야 해요. 혹시 지금 종이를 준비할 수 있나요? 종이를 아래와 같이 접어주세요. 그리고 부이티빈이 혼자 할 수 있는 것, 부이티빈이 친구들과 함께하면 더 쉽게 할 수 있는 것, 부이티빈이 한국 친구들을 도와줄 수 있는 것으로 세 가지 제목을 적어보세요. 이제 각 제목에 따라 부이티빈이 생각한 것을 써볼까요?

혼자 할 수 있는 것	• 선생님 심부름 • 학급 당번 활동 • 조별 준비물 개인별 분담과 챙겨오기 • 안내장 분석하기
친구들과 함께하면 쉽게 해결할 수 있는 것	• 교실 청소와 급식 정리 • 프로젝트 수업 • 체육대회 장기자랑 준비 활동
친구들을 도와줄 수 있는 것	• 외국에서 온 친구 학교생활 적응 도와주기 • 몸이 아픈 친구 보건실에 데리고 가기 • 베트남 관련 정보 소개 • 해외에 있는 한국 관련 자료 탐색

다 적었으면 선생님을 만나러 교무실로 Go, Go!

선생님께 부이티빈이 쓴 종이를 보여드리세요. 그런 다음에 이렇게 말해볼까요?

"선생님, 제가 이제 한국어도 어느 정도 할 수 있고 한국 학교생활에도 아는 것이 많아졌습니다. 제 힘으로 할 수 있는 것은 제가 한 번 해보겠습니다. 제가 열심히 노력했는데도 잘 모르는 것이 있으면 그때는 제가 선생님이나 친구들에게 도와달라고 말씀드리겠습니다.

지금까지 제가 한국 생활에 잘 적응할 수 있도록 선생님과 친구들이 많은 것을 도와줬습니다. 생각할수록 정말 고맙습니다. 저도 선생님과 친구들을 위해 작은 도움이라도 드리고 싶습니다. 앞으로 베트남에 대해 필요한 내용이 있으시면 저에게 물어봐주세요. 그리고 혹시 베트남에서 온 친구가 있어서 통역이 필요하시면 저를 불러주세요."

이렇게 담임선생님께 자신의 생각을 말씀드리는 것에도 작은 용기가 필요해요.

'내가 이렇게 말했을 때 선생님이 어떻게 생각하실까?'

그런 생각이 머릿속에 있어서 말을 꺼내기 어려울 때가 있거든요. 그러니 선생님 앞에 가기 전에 부이티빈이 쓴 종이를 보면서 말하기 연습을 해봐도 좋아요.

부이티빈이 이런 고민을 하는 것은 이제 한국어 실력이 많이 늘었고, 학교생활에도 자신감이 생겼기 때문이에요. 무엇보다도 부이티빈이 스스로 해보려는 마음이 있다는 것이지요. 선생님은 그 것이 참 기뻤어요. 청소년 시기에는 홀로 서는 연습을 하며 어른 으로 성장해가는 시기니까요. 부이티빈이 노력하는 모습을 보면 분명 한국 친구들의 시선도 서서히 바뀔 거예요. 왜냐고요? 진심 은 통하기 마련이거든요. 꼬렌! 꼬렌! (베트남어예요. 한국말로 파이 팅이죠.)

PART
03

학교생활,
더 즐겁게 하고 싶어요!

생선, 고기를 못 먹어서
급식 시간이 너무 힘들어요

"저는 몽골에서 온 보르추입니다. 몽골에 있을 때 한국 음식을 먹어 본 경험이 없어서 한국에 왔을 때 힘들었습니다. 매운 음식인 것을 모르고 먹었다가 깜짝깜짝 놀랍니다. 특히 점심시간에 먹는 반찬이나 국은 제 입맛에 잘 맞지 않아요. 그래서 며칠은 급식을 먹지 않으려고 운동장으로 도망을 갔습니다.

오징어와 생선 반찬이 나오는 날이 제일 힘들어요. 오징어 냄새는 너무 견디기 힘들어요. 큰 가시들과 비늘이 벗겨진 생선을 보면 징그럽고요. 친구들이 맛있어하는 모습을 보면 저도 맛있게 먹고 싶습니다. 선생님께서는 남기지 말고 다 먹어야 한다고 하세요. 점심시간 때문에 학교에 가는 것이 싫습니다."

다른 나라에 가서 한 번도 먹어보지 않은 음식을 매일 먹는 것은 쉬운 일이 아니에요. 보르추가 얼마나 힘들었는지 선생님도 경험해보아서 그 느낌을 알아요.

15년 전에, 선생님은 청소년들과 호주 국제캠프에 참가했어요. 그때 각 캠프에 아침과 점심 식사로 빵과 잼이 나왔지요. 주최국이 호주라서 캠프에 온 사람들의 90%가 호주 사람이었어요. 그래서 그랬는지 호주 사람들이 굉장히 좋아하고 즐기는 베지마이트(Vegemite)라는 잼이 나왔지요.

베지마이트는 마치 초콜릿 잼처럼 보였어요. 선생님은 잼을 빵 위에 한가득 발랐어요. 크게 한입 베어 문 순간, 선생님은 베지마이트 맛에 무척 당황하고 말았어요. 세상에 태어나서 처음 먹어본 맛이었어요. 이상한 냄새까지 나는데, 매우 짠 소금젤리를 씹은 것 같았지요. 선생님은 그 맛에 화들짝 놀랐답니다. 다시는 베지마이트를 먹고 싶지 않았어요. 하지만 캠프 기간 동안 베지마이트가 매일같이 나온다는 것이 문제였지요. 국제 캠프장 주변에는 가게도 없고, 과일을 얻어다 잼을 만들 시간도 없고……. 식사시간이 전혀 기다려지지 않았어요. 그렇게 먹성 좋은 선생님이 베지마이트 덕분에 국제 캠프에서 저절로 다이어트를 하고 왔죠. 선생님이 개미허리가 된 건 그때가 처음이자 마지막이었어요. 그 이후로 다른 나라의 음식에 익숙해지는 것이 얼마나 힘든지 잘 이해하게 되었지요.

우리 반 학생들은 한국 음식을 처음 먹을 때 보르추처럼 점심시간을 싫어했어요. 중국 한족이나 일본에서 온 학생들은 한국 음식이 매워서 물을 몇 잔씩 마셨어요. 아프리카 내륙에 있는 나라에서 온 학생들이나 몽골처럼 바다에 접하지 않은 지역에서 온 학생들은 오징어로 만든 건어물이나 생선국 요리에 기겁을 해요. 마치 선생님이 베지마이트를 처음 먹었을 때와 반응이 같아요. 이처럼 입에 맞지 않는 음식을 먹는다는 것은 생각보다 더 많이 힘든 일

이에요.

그렇다고 입맛에 안 맞는다고 해서 점심시간 내내 굶을 수는 없어요. 조금씩 적응하는 방법을 찾아가는 자세가 필요해요. 점심시간에 몽골 재료로 요리한 반찬을 찾아보세요. 몽골 음식과 비슷한 맛을 가진 향신료를 쓴 음식도 찾아보고요. 같은 재료인데 요리하는 방법에 따라 맛이 달라져요. 그 점을 찾으면 음식을 맛보는 즐거움도 생기게 됩니다. 보르추가 조금 더 쉽게 한국 음식에 익숙해지는 데도 도움이 될 거예요. 그리고 한국 음식을 처음부터 100% 다 먹으려고 노력하지 않아도 괜찮아요. 양은 조금씩 늘려 나가면 돼요.

보르추나 보르추의 부모님이 담임선생님께 말씀드릴 것이 있어요. 한국 음식이 몽골에서는 없는 요리라서 보르추가 익숙해지기가 쉽지 않다고 말해야 해요. 그리고 적응할 수 있을 때까지 시간을 줄 것을 요청해보세요. 아마 선생님께서도 정보를 찾아보며 보르추를 도울 방법을 알아보실 거예요.

한 나라에서 오랜 기간 동안 생활하면 음식도 결국 적응하게 됩니다. 그 나라의 음식을 즐길 줄 알면 이미 그 나라의 문화를 다 이해하고 적응을 마쳤다고 볼 수 있어요. 음식은 그만큼 생활 적응 단계에서 가장 어려운 축에 속합니다. 그러니까 너무 서두르지 말고 조금씩 시도해볼까요?

"저는 재경이에요. 우리 작은 엄마는 말레이시아 사람이에요. 작은 엄마는 이슬람교를 믿어서 집에서 절대로 돼지고기로 요리하지 않아요. 작은 엄마는 찬영이에게도 '돼지고기를 먹지 않아야 한다.' 고 말씀하세요. 정말 귀에 딱지가 앉을 정도로 말씀하십니다. 찬영이가 학교에 다녀오면 밖에서 무엇을 먹었는지 확인하세요. 그래서 찬영이가 스트레스를 엄청 받아요. 찬영이는 점심시간이 괴롭대요. 돼지고기가 섞인 찌개나 국, 반찬이 자주 나오기 때문이에요. 그런데 엄마의 말을 따르려면 돼지고기를 먹지 말아야 해서 급식 당번과 매일 다툰대요. 저번에는 돼지고기 김치볶음이 나왔다고 해요. 돼지고기 김치볶음을 참 먹고 싶었는데 꾹 참았대요. 돼지고기가 들어서 반찬을 남겼는데 그날이 하필이면 '잔반 없는 날'이었대요. 급식 당번인 친구들과 안 좋은 말들을 주고받았나 봐요. 같은 학교에 다니는 제가 찬영이를 도와줄 방법이 있었으면 좋겠어요."

재성이의 고민을 듣고, 선생님도 고민했어요. 선생님은 고민이 깊으면 눈 밑 다크서클이 엄청나게 내려와요. 다크서클의 무게로 그렇잖아도 작은 키가 확 줄어드는 것 같아요. 그만큼 돼지고기와 관련된 급식 지도는 선생님도 해결하기 어려운 문제예요. 돼지고기는 종교적으로 금지되어 있는 것이지요. 그런데 공립학교는 종교와 정치에 중립을 지켜야 해요. 그래서 공립학교에서 이 문제를 해결하려면 많은 사람들의 노력이 필요해요. 다른 나라처럼 점심 식사를 집에서 하고 오거나 개인 도시락을 싸오는 나라에서는 이 것이 문제되지는 않지요.

한국에는 이슬람교를 믿는 사람이 많지 않았어요. 이십여 년 전, 동남아시아와 서아시아, 아프리카 지역의 외국인 근로자들이 한국에 오면서 이슬람교도가 늘었어요. 또 한국 사람들이 동남아 시아와 서아시아 나라의 여성들과 국제결혼을 하면서 이슬람교도 들이 한국으로 많이 이주해왔어요. 이제 한국 사람들도 이슬람교 를 믿는 지역의 문화에 관심을 갖고, 이해하기 위한 노력이 필요 해졌지요.

재경이가 아는 것처럼 이슬람교도는 돼지고기를 먹지 않아요. 돼지고기는 이슬람교에서 금기로 여기는 음식이에요. 집에서는 재경이 작은엄마가 요리를 잘 준비해주셔서 찬영이의 어려움이 덜해요. 그런데 밖에서는 엄마처럼 음식을 준비해줄 사람이 없어 요. 그래서 어떤 음식을 먹고, 먹지 않아야 하는지를 찬영이가 결 정해야 해요. 그래서 찬영이가 고민을 많이 할 거예요. 하지만 재 경이 같은 누나가 있어서 참 다행이에요. 어쩌면 누나의 도움으로 찬영이의 고민은 쉽게 해결될 수 있겠는데요.

선생님들은 학기 초에 학생들의 건강상태나 지병, 알레르기 반

응 등에 대하여 상담을
해요. 가정으로 안내장을
보내서 땅콩이나 우유 알
레르기가 있는지, 질병치료

중이어서 먹으면 안 되는 음식이 있는지도 조사합니다. 이때 찬
영이 아빠와 엄마가 찬영이가 돼지고기를 먹으면 안 된다고 학교
에 알렸는지를 확인해보세요. 만약 선생님께 돼지고기에 대한 금
기사항과 이유를 알리지 않았다면, 이것을 잘 알려야 해요. 학부
모 상담 주간에 아빠나 엄마가 학교에 오셔서 담임선생님께 직접
말씀드려야 합니다. 혹시 찬영이의 아빠가 바쁘고, 엄마는 한국어
를 잘하지 못해서 학교에 오는 것을 어려워할 수도 있어요. 그러
면 사촌 누나인 재경이가 대신 말씀 드리는 건 어떨까요? 찬영이
의 담임선생님께 찬영이 상황을 알려주는 거예요.

선생님께서 재경이의 이야기를 들으면, 점심시간에 찬영이의
식사를 잘 관리해주실 거예요. 그리고 찬영이의 학급에서 '다양한
종교와 문화'에 대한 활동을 준비해주실 거고요. 다양한 종교, 문
화 활동을 하면, 급식 당번들도 찬영이에게 억지로 돼지고기를 먹
으라고 하지 않을 거예요. 찬영이가 종교 때문에 돼지고기를 먹지
않는다는 걸 알게 될 테니까요. 그리고 급식을 나누어줄 때 찬영
이에게는 돼지고기를 빼고 줄 수 있을 거예요. 찬영이가 돼지고기

가 든 음식을 남겨도 그걸로 핀잔을 주지 않을 겁니다. 왜냐고요? 친구들도 찬영이의 사정을 알게 되었으니까요. 알게 되면 이해하게 되고, 이해하게 되면 존중할 수 있게 되거든요. 그렇기 때문에 찬영이의 상황과 이유를 잘 알리고 이해하게끔 만드는 것이 중요해요.

선생님이 근무하는 학교는 다양한 종교를 믿는 외국 학생들이 많아요. 그래서 돼지고기, 소고기, 닭고기 같은 육류를 먹으면 안 되는 학생들을 위한 대체식단이 준비되어 있어요. 예를 들면 제육볶음이 나오면 찬영이는 대신에 두부조림을 먹을 수 있게 식단을 준비하는 거지요. 이슬람교도인 아이들이 여러 명이라서 매일 대체반찬을 준비해요. 그래서 점심시간에 항상 바쁘게 움직이지요. 선생님의 학교처럼 이슬람교를 믿는 학생이 많으면 대체식단을 준비하기가 오히려 수월해요. 그런데 재경이네 학교처럼 이슬람교도가 한두 명만 있으면 학교에서 따로 준비하기가 어려울 수도 있어요.

이런 경우에는 학교에서 나누어주는 한 달의 식단표를 잘 살펴보아야 해요. 식단표에는 식단과 더불어 학생들이 섭취해야 하는 영양소와 양이 나와 있어요. 안내장을 잃어버렸다면 학교 홈페이지에 접속하면 다시 구할 수 있어요. 학교 홈페이지에는 매일의 식단이 나와 있답니다. 작은엄마와 찬영이가 함께 학교 홈페이지를 보면서 '내일 먹어야 할 음식'을 미리 알아볼 수 있어요.

엄마와 찬영이가 이야기를 나누다 보면 찬영이가 도저히 참지 못하고 이미 먹었거나 먹을 것 같은 반찬이 나올 수도 있어요. 이때 엄마가 찬영이에게 "먹으면 안 되는 음식인데 왜 먹었니?" 하고 안 좋은 내색을 하면 찬영이가 다음에는 솔직하게 말하지 않을 수 있어요. 사실 하루가 다르게 자라는 청소년기에는 일부러 가려 먹는 것이 참 쉽지가 않아요. 이럴 때는 작은엄마가 찬영이가 가장 좋아하는 반찬을 '반찬 도시락'으로 준비해주면 좋아요. 집에서 준비해온 '반찬 도시락'은 엄마의 사랑을 확인하는 음식이에요. 그래서 찬영이에겐 더 큰 힘이 될 수 있어요.

찬영이가 잘 자라기 위해서는 학교와 선생님, 친구들의 노력이 필요해요. 또한 가정에서 부모님과 찬영이가 함께하려는 노력도 필요해요. 노력은 일방적으로 한쪽만 하는 것이 아니랍니다. 항상 함께 노력해야 성장할 수 있다는 사실! 잊지 않았으면 좋겠습니다.

짧은 옷을 입을 수 있는
친구들이 부러워요

5월이 되면 안산은 정말 재미있어요. 안산국제거리극축제가 열리기 때문이에요. 다른 나라에서 온 연극인들이 3일 동안 거리 공연을 해요. 안산국제거리극축제 기간에는 재미있는 볼거리도 많고, 여러 나라 사람들을 만날 수 있답니다. 세계 음식들을 먹어 볼 기회가 굉장히 많고, 특이한 복장을 한 사람들을 많이 만날 수 있어요.

특히 '5월 20일 세계인의 날' 즈음이면 나라의 전통복장을 입은 사람들을 많이 볼 수 있어요. 이날은 한복도 예쁘고, 중국의 치파오랑 인도의 사리도 멋져요. 필리핀 여자들의 전통의상 바롯 사야를 입고 노래 잔치에 나오는 사람도 있어요. 콩고 전통복장을 입고 전통춤을 추는 사람들, 캄보디아 전통무용을 선보이는 사람들까지. 모두 어깨춤이 절로 나서 같이 춤추게 된답니다.

선생님이 사는 지역에는 세계 여러 나라에서 온 사람들이 옹기종기 모여 살아요. 회사나 학교에도 외국에서 온 사람들이 많아요. 그래서 평소에도 색다른 복장을 한 사람들이 종종 눈에 띄지요. 종교에서 정한 옷차림을 하고 학교에 오는 친구들이 있고요. 이들이 신기해서 여러 번 쳐다보는 사람들이 있어요. 그런 사람들의 시선에 불편을 느끼는 학생도 있지요. 모니카와 승혜의 이야기를 한 번 들어볼까요?

"저는 모니카입니다. 우리 가족은 파키스탄에서 한국에 왔습니다. 저는 여자아이라서 머리에 항상 히잡을 쓰고 다닙니다. 외출을 하면 히잡을 쓴 저와 언니를 힐긋힐긋 바라보는 사람들이 많아요. 그래서 자유롭게 행동하지 못합니다.

수업시간에 담임선생님께서 친구들에게 히잡에 대해 자세히 설명해주셨습니다. 히잡에 대해 알고 있는 친구들도 많지만 아직도 남자아이들은 선생님 몰래 히잡을 잡아당겨요. 그럴 때는 신경질이 나서 소리를 지릅니다. 뒤에 앉은 근영이와 혜석이는 수업시간마다 제 히잡을 만지작거립니다. 어떻게 해야 친구들이 저를 좀 그냥 놔둘까요?"

"아빠가 방글라데시 사람입니다. 엄마는 한국 사람이구요. 저는 한국에서 태어나고 자랐습니다. '승혜'라는 이름도 제 이름이고, '다나'라는 이름도 제 이름입니다. 우리 가족은 무슬림입니다. 아빠는 가족에게 종교적인 신념과 지켜야 할 것들을 자주 말씀하십니다. 그래서 고등학교를 마치면 저는 차도르를 둘러야 한다고 말씀하십니다. 지금은 교복도 입어야 하고, 공부나 수업에 방해될 수 있어서 아버지께서 양보하신 거래요. 친구들은 예쁘고 짧은 옷을 많이 입을 수 있어요. 하지만 우리집 여자들은 소매가 짧은 옷이나 다리가 보이는 옷들을 전혀 입을 수 없습니다. 자유롭게 옷을 입을 수 있는 친구들이 진짜 부러워요."

모니카와 승혜는 모두 특별한 옷차림 때문에 고민이 생겼어요. 먼저 모니카의 고민을 살펴볼게요. 이슬람교를 믿는 사람을 이슬람교도 또는 무슬림이라고 해요. 무슬림 중 여자들은 머리에 두건을 두르는 경우가 있어요. 두건은 스카프라 부를 때도 있고, 히잡이라고 부를 때도 있어요. 무슬림의 모든 여자가 스카프나 히잡을 두르는 것은 아니에요. 그리고 히잡, 차도르, 니캅, 부르카 등 여러 가지 이름이 있어요. 모두 모양과 길이가 다른 두건들이에요.

예전의 한국 사회는 히잡을 쓴 사람들이 많지 않았어요. 하지만 지금은 히잡을 쓴 사람들을 더러 볼 수 있지요. 해외여행을 가야 봤던 모습들을 우리나라에서도 볼 수 있게 되었어요. 아랍 국가에서 온 유학생들 중에 히잡을 쓰거나 차도르를 두른 여학생들이 자주 눈에 띕니다. 서울 도심에 가면 한국에 관광을 온 여자들도 차도르를 두르고 있어요.

학교에서 히잡을 쓴 모니카를 본 친구들은 호기심이 커지는 것 같아요. 담임선생님이 해주신 설명을 듣고서 히잡을 예쁜 모자의 일종이라고 생각한다는 친구들도 있어요. 히잡을 써본 적이 없는 친구들은 어떤 느낌인지 궁금해서 자기도 모르게 만졌다고 해요.

가끔 남자아이들은 여자아이 머리카락을 잡아당기거나 땋은 머리를 툭툭 건드리는 행동을 해요. 선생님이 "왜 그랬어?"하고 물으면 "관심이 있어서요."하고 대답한답니다. 남자아이들이 관심을 표현하는 방법을 잘 몰라서 짓궂은 장난으로 표

현한 것이지요. 남자아이들은 여자아이들보다 자신의 마음을 표현하는 것에 더 서투른 편이에요. 그래서 신생님이 남자아이들에게 장난 대신 친구를 지키는 '따뜻한 수호천사'가 되라고 당부해줬어요. 하지만 금방 고쳐지지는 않을 거예요. 다만 모니카도 그 표현의 시작이 따뜻한 마음이라는 것을 알았으면 좋겠어요.

만약에 아직도 얄궂게 장난으로 히잡을 잡아당기는 친구가 있나요? 그때는 모니카가 "싫어. 하지 마. 안 돼." 하고 말해야 해요. 모니카는 화가 나서 말하는 것이니까 웃으며 말하면 안 돼요. 어떤 남자아이들은 "웃으며 말한다는 것은 좋으면서 괜히 싫은 척하는 거야." 하며 오해하기도 해요. 그래서 같은 장난을 또 하게 돼요.

성당에 가면 수녀님들을 볼 수 있지요? 인도 수녀님들은 머리에 두건을 쓰지 않지만 우리나라 수녀님들은 머리카락 한 올도 흘러내리지 않도록 단정하게 두건을 쓰세요. 천주교 수녀님들이 두건을 쓰는 의미를 한 번 생각해볼까요? 그럼 이슬람교에서 여자들이 머리에 두건을 쓰는 것과 비슷한 부분이 있지 않을까요? 아핫! 이건 선생님의 개인적인 생각이에요.

히잡이나 차도르를 두른 여자들을 보면 선생님은 쓰개치마나 장옷을 두른 옛날 조선의 여인을 떠올려요. 조선시대에는 여자들이 바깥나들이를 할 때 얼굴과 상체를 가리기 위해 쓰개치마나 장옷을 두르고 다녔어요. 사극 드라마를 보면 장터에서 쓰개치마를 두른 부녀자들을 쉽게 볼 수 있어요. 조선시대 여인들은 집 밖에서 외간 남자들에게 얼굴을 보이면 안 되었어요. 그래서 쓰개치마로 얼굴을 가리고 다녀야 했지요. 여자를 보호하고 싶어 하는 마음에서 보면 쓰개치마와 장옷의 기능이 히잡과 비슷한 것 같아요.

이슬람교가 국교인 나라 사이에서도 여성이 머리에 두건을 두르는 규정이 꽤 많이 다른 것 같아요. 우즈베키스탄에서 온 무슬림 친구들은 스카프나 히잡을 두르지 않아도 괜찮다고 해요. 이집트에서 온 친구들은 가끔 멋스런 스카프를 두르지만 매일 반드시 해야 하는 것은 아니래요. 인도네시아와 방글라데시에서 온 친구들은 반드시 히잡을 써야 한대요.

승혜 아빠는 종교적인 가르침을 지키고 승혜를 보호하고 싶은 마음으로 그렇게 말씀하셨을 거예요. 아마도 아빠는 여자들이 짧은 옷을 입는 걸 위험하게 생각하고, 그런 뉴스도 많이 접하신 것 같아요.

승혜는 혹시 아빠와 어떤 이야기를 하나요? 이제 막 사춘기인 승혜가 아빠와 대화를 자주 하고 있나요? 만약 그렇지 않다면 꼭 대화를 자주 하길 권하고 싶어요. 아빠는 사춘기인 승혜가 어떤 감정을 느끼는지 잘 모르실 거예요. 십 대 여자아이들이 외모에 대한 관심이 부쩍 늘어나고, 소속감을 중요하게 여긴다는 걸 모르실 수도 있어요. 한국에서 사춘기를 보낸 적이 없는 승혜의 아버지는 오로지 승혜를 통해서만 청소년들의 감정을 배울 수 있어요. 아마 서로 이해하지 못하는 면도 보게 되겠지요. 하지만 대화를 꾸준히 해나가면서 서로 감정을 나누고 이해하려고 노력했으면 해요. 아빠들은 사랑하는 딸에게 늘 행복한 선택을 주려고 한답니다. 내 딸이 행복해지는 것이 아빠의 가장 큰 행복일 거예요. 그리고 매일 승혜가 가장 행복해질 수 있는 길은 무얼까 고민하실 거예요.

아빠가 학교에 다니는 동안에는 승혜에게 히잡을 쓰지 않아도 된다고 했지요? 아마도 승혜의 아버지는 승혜의 한국 생활에 관해 융통성 있게 배려하는 분인 것 같아요. 아마 시간이 조금 더 흐르면 한국 사회에서 살고 있는 승혜를 위해 더 생각해보시겠지요. 승혜를 위한 선택을 하고 또 그것을 위해 자신의 입장을 양보하실 수도 있어요. 그러니 승혜도 자신의 감정과 의견을 아빠에게 대화로 잘 전하려는 노력을 했으면 해요.

나라마다
학교가 다 달라요

+ 다른 나라의 학교생활이 궁금하죠?

한참 바쁘게 일하다가 피식하고 웃음이 나왔어요. 왜냐고요? 오늘 수업시간이 떠올랐기 때문이에요.

오늘은 수업시간에 '우리 학교'라는 주제로 이야기를 했어요. 책에는 교화(학교 꽃), 교목(학교 나무), 교표(학교 마크) 등 학교에 대한 낱말들이 있었어요. 우리는 한국어를 잘 모를 때 사전을 어떻게 활용하는가를 배웠지요. 그러면서 함께 학교와 관련된 여러 가지 이야기를 했어요.

선생님이 교복에 대해 말했어요. 선생님은 중·고등학교에 다 닐 때 교복을 입지 않은 세대예요. 선생님은 어릴 때 중학교에 가 면 예쁜 교복을 입을 수 있을 거라고 기대했어요. 그런데 막상 중 학교를 가는 때가 되자 나라에서 교복을 없애버렸어요. 선생님의 기대가 '빵' 터져버렸지요. 그래서 어른이 된 지금도 교복을 입어 보고 싶어요. 사람은 자신이 직접 해보지 못한 것에 대한 아쉬움 이 정말 크게 남거든요.

선생님의 경험을 이야기하고 나서 아이들과 모국(母國)의 교복 에 대해 이야기했어요. 우리 반은 1-2교시에 중국, 카자흐스탄, 우즈베키스탄, 에티오피아, 필리핀, 태국, 베트남에서 온 아이들 이 같이 공부해요. 자신의 나라에서 어떤 교복을 입었는지를 이야 기했지요. 그 시간은 무척 재미있었어요.

현주는 필리핀에서 14년이나 살다가 한국에 왔어요. 현주 말로 는 필리핀의 초등학생은 매일 교복을 입고 학교에 가야 한대요. 필리핀에서 입은 교복은 치마가 발목까지 내려왔었다고 깔깔깔 웃었어요. 치마에 걸려서 가끔 넘어지는 친구도 있었고요. 지금 와서 생각하니 치마 길이가 촌스럽다나요.

준경이는 필리핀에서 흰색 반소매 셔츠에 검정색 반바지를 입 고 등교했다고 해요. 날씨가 싸늘한 날에는 검정색 긴바지를 입고 학교에 갔어요. 머리를 깔끔하게 정리하고 교복을 입으면 제법 멋

있었대요. 준경이의 이야기를 들어볼까요?

"한국에 간다고 했을 때 친구들이 저를 엄청 부러워했어요. K-POP 때문에 필리핀 친구들은 한국에 엄청나게 관심이 많아요. 한국에 꼭 오고 싶대요. 한국 학교는 어떤지, 무얼 배우는지 궁금해해요."

"그래? 열 살짜리들이 벌써 K-POP을 알아? 근데 준경아, 필리핀 친구들과는 어떻게 연락하니?"

"페이스북에서 필리핀 친구들과 학교 이야기를 많이 해요. 선생님, 저번에 밖에서 눈싸움을 했잖아요? 필리핀 친구들은 눈을 본 적이 없어요. 그때 사진을 올렸더니 난리가 났었어요. 친구들이 엄청나게 부러워해요. 또 우리 형이 교복 입은 사진을 보여줬어요. 필리핀 친구들이 형 사진을 보고는 넥타이를 매서 젠틀맨 같다고, 어른같이 멋있다고 입어보고 싶대요."

중국에서 온 예란이가 다닌 학교는 월요일, 수요일, 금요일에는 교복을 입고, 화요일과 목요일에는 사복을 입었대요. 초등학생이라서 빨간색 스카프를 목에 예쁘게 두르고 학교에 갔다고 해요.

카자흐스탄에서 온 미하일도 매일 교복을 입었대요. 카자흐스탄의 학교는 월요일부터 토요일까지 공부하고 일요일 하루만 쉬었다고 해요. 한국에 오니 토요일에 학교에 가지 않지 않아서 좋다고 휘파람을 불어요. 미하일은 그림을 그리는 것을 좋아해요. 또 자유롭게 하고 싶은 것을 마음껏 할 수 있어서 신 나는 토요일이래요.

+ 무슨 과목을 배울까요?

한국에서는 도덕, 국어, 수학, 사회, 과학, 영어, 음악, 미술, 체육, 실과, 창의적 체험활동 등의 과목을 배우잖아요? 여러분은 어떤 과목을 제일 좋아하나요? 좋아하는 과목은 하루 종일 공부해도 좋을 것 같아요. 다른 나라 학생들은 학교에서 어떤 과목들을 배울까요? 궁금하죠?

현주는 필리핀 초등학교에서 11개의 교과를 배웠어요. 필리핀어, 영어, 중국어, 수학, 과학, 도덕(애국), HKS(지리/역사/국민윤리), EPP(실과/기술가정), 종합과목 MSEP(음악/미술/체육/보건), 종교(기독교), 몸가짐과 태도 같은 과목이 있어요. EPP 시간에 친구들과 요리하는 것을 배워서 부모님께도 해드렸대요. 한국의 실과 시간처럼 EPP 시간에 십자수 놓기, 옷 만들기를 배웁니다. 현주는 그 시간이 매우 재밌었다는군요. 현주는 중국어 수업이 제일 재미없었대요. 외워야 할 한자가 많고 4성조가 있어서 힘들었대요. 중국어 시간마다 학교를 탈출하고 싶었다고 해요. 한국에 왔는데, 이것 참 어떡해요. 우리 학교도 일주일에 한 번씩 중국어를 배우거든요.

현주는 필리핀어로 따갈로그어를 배웠대요. 필리핀은 섬 7000여 개와 부족 110여개로 구성된 나라입니다. 그래서 지역 언어가 굉장히 많아요. 서로 의사소통을 잘하려고 영어와 따갈로그어를 공용어로 정했어요. 따갈로그어는 현주가 지금도 자신 있게 말하고 쓸 수 있는 언어라고 해요. 그래서 이번 이중 언어 말하기 대회에 따갈로그어로 출전했어요. 우리 모두 기를 '팍팍' 모아 현주를 응원해줍시다.

쿠안도 인도네시아의 초등학교에서 11개의 교과를 배웠어요. 인도네시아어, 자바어, 영어, 종교(이슬람교), 역사, 수학, 과학, 사회, 문화, 체육, 미술(바틱)을 공부했답니다. 어라? 음악이 없나 봐요? 음악은 다른 학년에서 배우는 과목이라 4학년인 쿠안은 배우지 않았어요. 문화를 배우는 시간에는 문화 관련 독서를 꼭 해야 했다는군요. 인도네시아는 큰 섬이 많은 나라예요. 그래서 대표적인 섬을 중심으로 지역 언어를 배워요. 쿠안은 자바어를 배웠는데 성적이 좀 별로래요.

에티오피아는 부족 언어가 44개가 있어요. 그래서 지역마다 배우는 부족어가 다 따로 있어요. 다른 지역으로 전학을 가면 그 지역의 부족어로 모든 교과를 처음부터 다시 배워야 한대요. 쟈스민은 수학 성적만 보면 학교에서 2등을 했는데 전학을 가서 거의 꼴찌를 했다고 하네요.

"선생님, 에티오피아는 지역마다 부족어가 달라서 말할 때 생기는 오해가 많아요. 그래서 영어로 말할 수 있게 매일 영어를 배워요. 근데 영어 시간이 끝나면 다 부족어를 써요. 그래서 다른 지역에 가면 친구를 사귀는 것이 쉽지 않아요. 저도 전학을 가서 친구를 하나도 못 사귀었어요."

평소 외로움을 많이 타는 성격이라 쟈스민이 더 고민을 했을 것 같아요. 또 유치원부터 고등학교까지 모두 한 울타리 안에 있어서 12학년이 되어 졸업할 때가 되면 거의 다 아는 사이가 된대요.

예란이가 살던 중국 산둥지역은 초등학교를 5학년에 졸업한대요. 그런데 중국 조선족 자치구에서 온 희원이 말로는 6학년이 초등학교의 최고 학년이래요. 중국 안에서도 교육제도가 지역마다 다른가 봐요. 희원이는 수학, 어문, 영어, 음악, 체육, 미술, 과학, 성품, 서도(서예), 심리를 배우고 졸업했어요. 언제나 솔선수범하는 희원이는 모범적이어서 여러 번 우수학생으로 뽑히고 반장을

했어요. 성적이 우수하고 성격도 야무져서 동네에서 희원이 칭찬
이 자자했대요. 선생님은 그 말만 들어도 흐뭇하네요.

+ 한국이 좋은데요……

여러 가지 이야기를 하다가 학교 일정에 대해 말이 나왔어요.
어느 나라에서 온 누가 얼마만큼 공부를 했나 경쟁이 붙었어요.
필리핀에서 온 마리엘이 말했죠.

"제가 다닌 학교는 8시부터 12시까지 공부를 해요. 그리고 점
심은 집에 가서 먹어요. 외할머니와 엄마가 맛있는 점심을 만
들어 주셨어요. 2시까지 다시 학교에 와서 공부를 했어요. 필
리핀에는 굉장히 많은 언어가 있어요. 매일 2시부터 비사야
(visaya)어를 배웠어요. 5시가 되면 수업을 모두 마치고 집에 갔
어요."

중국에서 온 현중이가 한마디 했어요.

"우리도 8시까지 학교에 갔어요. 1교시부터 외우는 수업이 많

아서 아침에 일찍 일어나서 공부를 했어요. 저도 마리엘처럼 집에서 점심을 먹고 왔어요. 아빠와 엄마가 회사에 가셔서 저와 누나가 차려서 먹었어요. 점심시간은 딱 1시간이에요. 학교에서 오후 1시부터 4시 30분까지 공부를 했어요. 종이가 까매질 때까지 쓰고 외우는 숙제가 엄청 많았어요. 거의 매일 11시까지 숙제를 했어요. 숙제를 하고 나면 손목부터 팔꿈치까지 까매졌어요. 그런데 한국에 오니 숙제가 거의 없어요. 하하하. 그게 제일 좋아요. 그리고 한국에서는 다양한 미술활동을 많이 해서 정말 좋아요."

몇 년 전 이야기예요. 그날도 특별학급 아이들이 모국의 학교에 대해서 이야기를 하고 있었어요.
키르기스스탄에서 온 앨릭이 말했어요.

"한국에 오니 좋은 것이 많아요. 키르기스스탄에서 학교 다닐 때에는 학교에 컴퓨터가 얼마 없었어요. 그래서 인터넷을 못했죠. 한국은 컴퓨터실이 있어서, 일주일에 한 번씩 할 수 있어요. 인터넷을 하는 게 정말 재밌어요. 그리고 대박(엄청나게) 빨라요. 와이파이 핸드폰 게임까지 정말 재밌어요.
근데 한국에서 좀 힘든 것도 있어요. 키르기스스탄 학교에서는 구구단을 외우지 않아요. 키르기스스탄에서는 '이런 곱셈도 있구나!' 하는 정도로 그냥 봤어요. 그래서 9단까지 있는 구구단을 한국 애들처럼 줄줄줄 외우는 건 너무 어려워요. 수학시간에 계산이 느리니까 짝꿍이 내 머리가 나쁘다고 놀려요. 구구단도 못 외운다고요."

"한국은 구구단이 9단까지 있잖아요? 인도는 구구단이 19단까지 있어요. 인도에서는 매일 수학 수업을 시작하기 전에 2단부터 19단까지 외웠어요. 19단까지 알아서 그런지 저는 한국에서 수학할 때 자신이 있어요."

인도에서 온 샤트라가 인도의 19단을 소개했어요. 아주 신이 났어요. 샤트라가 선생님에게 따라 해보라고 해서 열심히 따라 했지요. 그런데 선생님의 머릿속엔 아직 12단까지밖에 없어요. 13단부터 어찌나 헷갈리던지…….

선생님과 친구들은 샤트라와 '19단, 구구단을 외자!' 게임을 했어요. 게임을 하면서 선생님은 구구단을 외우지 않은 앨릭의 마음을 이해했어요. 선생님은 어렸을 때 9단까지만 외웠어요. 9단을 넘기는 곱셈을 들으니까 머릿속이 하얘지고 긴장되었지요. 머릿속에서 [두 자리 수×한 자리 수] 곱셈식이 둥둥 떠다녔어요. 그런데 답이 빨리 나오지는 않는 거예요. 선생님 체면 때문에 더 집중했는데……. 평생 잘 외운 7단까지 틀렸지 뭐예요.

구구단 19단으로 한참 신이 났던 샤트라가 시무룩해서 말했어요.

"선생님, 저는 앨릭의 마음을 알아요. 저는 수학시간에는 신이 나지만 음악시간은 너무너무 싫어요. 인도에서는 리코더를 배우지 않아요. 한국에서는 리코더를 배우지요. 그래서 친구들이 하는 걸 보고 리코더를 따라 불렀어요. 그런데 저는 이상한 소리만 나요. 그래서 선생님께서 '다 함께 연주해보자'고 하시면 리코더를 부는 척만 하고 불지 않아요. 대충 손가락을 올렸다 내렸다 해요. 어떻게 하는지 모르겠어요. 음악시간에는 사라지고 싶어요."

나라마다 배우는 내용과 수준이 달라서 외국에서 온 친구들은 매우 힘들어해요. 수업시간마다 사라지고 싶은 순간이 많아요. 구구단을 외우는 나라가 있는가 하면 외우지 않는 나라들이 있어요. 우리나라 초등학교에서는 리코더를 정말 열심히 가르치지만 리코더를 가르치지 않는 나라도 있고요. 대한민국에서는 당연하게 배우지만 다른 나라에서는 배우지 않는 것도 많아요. 그러니까 외국에서 온 친구가 잘 못하는 것이 있어도 머리가 나쁘다고 놀리는 것은 옳지 않아요. '자기 나라에서 경험한 적이 없어서 이것에 익숙하지 않구나! 내가 도와줄까?' 하고 생각하는 한국 친구들이 많았으면 좋겠어요.

처음 배우니까 어려운 건 당연한 거예요. 조급하게 생각하지 말고 차근차근 배우면 됩니다. 잘 모른다고 수업시간에 사라져버릴 필요는 없어요. 배우지 않아서 모르는 건데 창피해할 이유도 없고요. 앨릭과 샤트라처럼 자기 나라에서 배우지 않았던 것을 한국에 와서 갑자기 배우는 친구들에게 선생님은 이렇게 말해요.

"얘들아, 나라마다 가르치는 과목이랑 내용이 달라. 그러니까 너희들이 힘든 건 당연한 거야. 배우지 않아서 모르는 건 창피한 게 아니야. 이제부터라도 배우면 되거든. 기왕 한국 학교에 다니면서 배워야 한다면 우리 피하지 말자. 한번 도전해보자!"

앨릭은 방과 후에 선생님과 구구단 외우기를 했어요. 샤트라는 쉬는 시간마다 리코더를 연주하는 법을 배웠어요. 모두 처음에는 쉽지 않았어요. 하지만 연습을 하니까 하지 않았을 때보다 훨씬 잘하게 됐어요. 잘하게 되니까 점점 자신감이 붙었고요. 이제는 둘 다 한국 친구들만큼 잘할 수 있어요. 어려움을 극복하기 위해 피하지 말고 노력하는 것! 이것이 우리가 어려움을 이겨내는 방법이에요.

그리고 이건 선생님 생각인데요. 선생님이 마리엘이나 현중이, 샤트라의 이야기를 듣기 전에는 그런 생각을 했어요. 세상에서 대한민국 학생들이 가장 불쌍하다고요. 왜냐고요? 우리나라 학생들은 대학교에 갈 때까지는 공부 스트레스가 심해요. 그리고 대학교에 가서는 취업 스트레스가 심하잖아요. 그런데 다른 나라에서 온 아이들의 이야기를 들어보니까 이것은 대한민국 아이들만의 고민이 아니라는 걸 깨닫게 되었죠.

기왕에 전 세계가 함께하는 고민이라면 좀 더 쿨(cool)하게 할 수는 없을까요? 어떻게 해야 스트레스를 줄이고 신 나게 공부할 수 있을까? 조금 이따가 다시 설명할게요.

+ 기념하는 것은 같아요

우리나라는 5월 5일이 어린이날이고, 모두 쉬는 법정공휴일입니다. 크리스마스만큼이나 한국 어린이들이 기다리고 기다리는 날이에요. 부모님이 무슨 선물을 해주실까도 기대되지만 부모님과 함께하는 추억을 만들 수 있어서 더 설레는 날이지요.

중국의 어린이날은 6월 1일이지만 공휴일이 아니에요. 예란이는 학교에서 어린이날 기념행사를 마치고 친구들과 놀이공원에 가서 놀았다고 해요. 러시아에서 온 사샤와 키르기스스탄에서 온 앨릭도 6월 1일이 어린이날이래요. 일본에서 온 후사코는 여자아이라서 3월 3일이 어린이날이랍니다. 후사코 동생인 세이치는 남자아이라서 5월 5일에 어린이날을 지냈대요. 나라와 종교 또는 정치 체제에 따라 어린이날의 날짜가 달라요. 하지만 어린이를 사랑하고 존중하는 어른들의 마음은 모두 같아요.

5월 15일은 스승의 날입니다. 한국에서요. 선생님께 감사의 마음을 담아 감사쿠폰도 만들고, 편지도 써요. 빨간 카네이션과 분홍 카네이션을 접어서 드리지요. 요즘에는 SNS로 안부를 묻고 재밌는 '스승의 날' 이모티콘을 보내기도 하죠. 중학교에 들어간 학생들은 '스승의 날'에 담임선생님을 찾아뵈러 초등학교에 들르기도 해요.

우즈베키스탄의 '스승의 날'은 10월 1일입니다. 14~15세기에 중앙아시아를 다스린 우즈베키스탄의 '아무르티무르'라는 대왕이 있었어요. 대왕이 그랬대요. 선생님이 없었다면 자신도 없었다고요. 그래서인지 우즈베키스탄에서는 선생님을 존경하는 마음으로 스승의 날을 국가 공휴일로 지정했어요. 우즈베키스탄에서 온 카쟈는 스승의 날에 선생님께 예쁜 튤립을 드렸대요. 우즈베키스탄의 옛 선생님을 떠올릴 때 카쟈의 얼굴에는 미소가 번집니다.

중국에서는 스승의 날을 교사절이라고 불러요. 9월 10일이에요. 선생님께 붉은 꽃을 그리거나 만들어서 드립니다. 그리고 카드를 만들어서 드린대요. 나라마다 날짜는 다르지만 '스승의 날'을 맞이하여 선생님을 존경하고 감사를 표현하는 마음은 같은 것 같아요.

+ 표현 방법이 다른 것도 있어요

한국어 수업시간은 받아쓰기를 매일 해요. 그날 배운 내용을 마무리하는 과정으로 받아쓰기를 하지요. 한국어를 처음 배우는 아이들에게 받아쓰기는 결코 쉽지 않아요. 영어 단어 시험을 생각하면 금방 이해할 수 있을 거예요. 아이들이 받아쓰기를 하고 나면 선생님이 그 자리에서 채점을 해줘요. 모두 자기 점수에 관심이 많아서 선생님 주변에 모이지요. 채점하고 나면 아이들은 그날에 틀린 낱말이나 문장을 10번씩 써와요. 숙제로요.

3 월 10 일		이름 : 김 아나똘리
5 학년 1 반 15 번		
✓ 1.	아바지	
✓ 2.	어마니	
③ 3.	아기	
✓ 4.	나드리	
⑤ 5.	나비	
✓ 6.	사가나므	
⑦ 7.	오리	
✓ 8.	엉마오리	
✓ 9.	아바오리	
✓ 10.	해엄으 처요	

검 인	보호자	확인	점 수	30
	담 임	확인		

다음 날 아나똘리가 숙제를 해왔어요. 어? 어라? 아기, 나비, 오리를 10번씩 써왔네요. 아나똘리는 '이바지, 어마니, 나드리, 사가나므, 엉마오리, 아바오리, 해엄으 처요'를 틀렸어요. 그런데 숙제로는 '아기, 나비, 오리'를 써왔어요. 숙제를 잘못했다고 말했더니 아나똘리가 뭔가 깨달은 얼굴로 말했어요.

"러시아 선생님들은 맞은 것에 ✓를 해주세요."

그래서 아나똘리는 ○표가 틀린 것인 줄 알고 아기, 나비, 오리만 10번씩 썼던 것이지요. 어쩐지 태국에서 온 앙파와 필리핀에서 온 라라는 0점을 받았는데도 숙제를 하지 않았더라고요. 태국 선생님과 필리핀 선생님도 맞은 것에 V를 해주신대요. 게다가 라라는 V가 10개니까 '100점 맞았다'고 엄마 아빠에게 자랑을 했다고 하네요.

아이들에게 한국 선생님들은 맞은 것에 ○표, 틀린 것에 V표 또는 X표를 한다고 알려줬어요. 그랬더니 몽골에서 온 치치게의 얼굴이 환해졌어요. 치치게는 V 표가 1개 있어서 창피해서 하루 종일 입을 다물고 지냈대요. 10점을 맞은 줄 알고 말이죠. 우리는 배꼽을 쥐고 웃었어요. 선생님들의 채점하는 방식이 어쩜 이렇게 다를까요!

근데 달라도 너무 달라서 당황스런 일도 있어요.

인도에서 온 샤트라가 한국어와 영어를 잘하지 못하던 때에 있었던 일이에요. 샤트라가 복도에서 넘어졌는데 마침 보건 선생님이 출장을 가신 거예요. 그래서 샤트라는 선생님의 교실로 왔어요. 다행히 피가 나거나 부어오른 곳은 없었어요. 무릎이 아프냐고 물었더니 샤트라가 고개를 끄덕였어요. 그래서 선생님이 구급함에 있는 스프레이 파스를 샤트라 무릎에 뿌려줬어요.

"더 뿌려줄까?"

선생님이 물어보니 샤트라는 고개를 끄덕였어요. 그래서 선생님은 파스를 잔뜩 뿌려줬지요. 손이나 손가락도 아프냐고 물었더니 고개를 흔들었어요. 그래서 선생님은 샤트라에게 교실로 가고 했지요.

이튿날 샤트라가 손가락에 붕대를 감고 왔어요. 선생님은 당황해서 샤트라에게 어찌된 일인지 물어봤습니다. 그런데 샤트라가 설명을 잘하지 못했어요. 그래서 선생님의 인도인 친구 미니에게 상황을 급히 물어봤어요. 인도에서는 '아니오'라는 의미로 고개를 끄덕이고, '예'라는 의미로 고개를 가로젓는대요. 으흐흑. 어떡해요. 선생님은 샤트라의 대답을 정 반대로 이해하고 말았던 거예요. 아프지 않다는 샤트라의 무릎에 파스를 뿌려주고, 손이 아프다는데 교실로 보낸 것이지요.

한국과 인도의 '예'와 '아니오'를 표현하는 방식이 이렇게 다를 줄은 상상도 못했어요. 이미 지난 일이니까 하는 말인데, 그때 정말 큰일 날 뻔했어요.

어느 날, 몽골에서 온 경은이가 몹시 화가 나서 소리친 일이 있었어요. 학급 친구들이 검지로 경은이를 가리키며 말을 했기 때문입니다. 어떻게 된 영문인지 친구들의 말을 들어봤어요. 다른 반 친구들이 "너희 반에 몽골에서 온 사람 있냐?"고 물어봤대요. 그래서 "쟤야."하며 경은이를 손으로 가리켰다는 거예요. 그런데 몽골에서는 동물을 가리킬 때 검지를 쓴다고 해요. 사람을 가리킬 때는 손가락을 모두 붙이고 손바닥을 펴서 상대방을 가리킵니다. 경은이는 친구들이 자신을 동물처럼 대우했다고 생각해서 화를 낸 것이지요. 한국의 손짓 언어를 잘 모르는 경은이와 몽골의 손짓 언어를 잘 모르는 친구들 사이에 생긴 오해였어요. 서로 모르면 오해가 생기기 마련입니다.

인도네시아에서 온 쿠안이 말했어요.

"선생님, 기분이 너무 나빠요. 친구가 자꾸 왼손으로 물건을 줘요. 인도네시아에서는 왼손으로 음식을 주거나 물건을 주지 않아요. 오른손으로 주고받아요."

사실 선생님은 예전에 쿠안 때문에 기분이 언짢을 때가 종종 있었어요. 쿠안이 선생님과 두 손으로 주고받아야 하는 물건을 계속 한 손으로 주고받아서요. 선생님이 "한국에서는 어른께 두 손으로 물건을 드린단다." 하고 얘기했는데도 그랬어요. 선생님은 속으로 이렇게 중얼거리기도 했어요.

"쿠안, 너는 왼손으로 물건을 주는 한국 애들 때문에 기분이 나쁘고, 선생님은 한 손으로 물건을 주는 너 때문에 기분이 나쁘단다."

선생님의 인도네시아 친구 행키가 쿠안이 그러는 이유를 설명해줬어요. 인도네시아에서는 용변을 볼 때 왼손을 사용하고, 식사를 할 때 오른손을 사용한대요. 용변을 볼 때 사용하는 왼손으로 음식을 먹거나 물건을 주고받지 않는다고요. 인도네시아 사람들이나 말레이시아 사람들 중에서 이슬람교를 믿는 사람들은 이 규칙을 지킵니다. 그래서 저는 쿠안도 '아, 그럼 이미 굳어진 습관이라 고치긴 어렵겠네.' 하고 생각했어요. 그냥 선생님이 이해하면 된다고 생각했지요. 그런데 이번에는 다른 선생님들이 쿠안이 무례하다고 말씀하시는 거예요. 어떻게 해야 하나 고민을 좀 했어요.

한국은 특정종교 국가가 아니에요. 한국 사람들은 왼손, 오른손을 구분 없이 사용해요. 그리고 어른께 두 손을 쓰며 예의를 지키지요. 쿠안이 인도네시아의 예절에 대해 이야기해주어서, 선생님도 쿠안에게 한국의 예절에 대해 설명해주었어요. 서로 잘 모를 때는 이해할 수 있을 때까지 여러 방법을 시도해보는 것이 좋은 것 같아요. 그러다가 적절한 방법을 찾게 될 수 있으니까요.

이제 쿠안은 한국 선생님과 어른들께는 두 손으로 물건을 드리려고 해요. 한 손으로 물건을 내밀다가도 번개처럼 깨닫고 사과를 해요. 물론 쿠안이 인도네시아 사람들과 있을 때는 인도네시아의 예절을 따릅니다. 선생님도 인도네시아 사람들과 물건을 주고받을 때는 쿠안처럼 오른손을 사용해요. 쿠안이 선생님에게 두 손으로 물건을 주는 것에 대한 감사의 마음으로요.

한국에 온 외국인들이나 외국에서 생활하다 온 친구들은 한국 사람들의 손짓에 가끔 깜짝깜짝 놀래요. 서로 의미가 달라서 오해가 깊게 쌓이기도 합니다.

그렇기 때문에 서로 알아야 해요. 외국에서 온 사람들은 우리나라와 다르게 사용하는 의미가 있다는 것을요. 그리고 그 의미를 알기 위해 노력해야 합니다. 한국 사람들은 자신의 손짓과 몸짓이 외국에서는 어떤 의미인지를 알아야 해요. 같은 동작, 다른 의미! 서로의 문화를 이해하려는 노력은 서로를 존중하는 태도로 이어집니다.

자, 한국과 의미가 다른 나라들의 손짓과 몸짓 언어를 배워볼까요? 서로 다른 손짓과 몸짓을 알아두는 것은 참 유용할 거예요. 여러분이 세계 여러 나라의 친구들을 사귀거나 세계여행을 할 때 많은 도움이 된답니다. 또한 다른 것을 존중하는 마음도 키울 수 있어요.

'V'할 때 손등을 보이면 놀래요

우리는 사진 찍을 때 'V'를 잘해요. 종종 사진을 찍을 때 손등을 보이며 'V'자를 하는 친구들이 있어요. 그런데 영국이나 호주, 뉴질랜드 등의 나라에서 상대방에게 손등을 보이며 'V'자를 하는 것은 욕설이나 경멸을 의미한대요. 상대방을 조롱하는 의미도 된다고 하니 조심해야 할 것 같아요.

엄지 세우기도 의미가 달라요

우리는 "최고야", "아주 잘했어!"라는 의미로 엄지를 척 세우죠? 엄지 세우기는 고대 로마에선 "죄인을 살려라."란 의미로 쓰였어요. 유럽 국가에서는 엄지를 치켜세우면 "하나만 주세요."라는 뜻이에요. 독일에서는 '숫자 1'을 의미해요. 그런데 방글라데시, 나이지리아, 호주에서는 엄지를 세우는 것을 욕이나 무례한 행동으로 생각한대요. 태국에서는 놀리는 행동으로 받아들인다고 해요.

손가락을 붙이고 가리켜야만 한대요

사람을 가리킬 때 검지로만 지시하면 사람들이 불쾌해하지요. 특히 싸울 때 검지를 세우고 상대방을 찌를 듯이 올렸다 내렸다 하면 삿대질 같아서 더 싫어하지요. 검지만으로 사람을 가리키는 것은 우리나라에서도 예의가 아니에요. 몽골이나 말레이시아에서는 손가락 하나로 사람을 지칭하면 굉장히 무례한 행동으로 여깁니다. 상대를 무시하는 행동이라고 해요. 손가락을 모두 붙이고 가리키면 존중과 친절을 의미한다고 해요. 한 번 연습해볼까요?

발음이 너무 어려워서
발표를 못하겠어요

"선생님, 국어가 참 어려워요. 저는 한국 사람인데 국어가 왜 이렇게 어렵죠? 어떤 낱말은 어떻게 발음해야 하는지 잘 모르 겠어요. '밝다, 맑다'를 어떻게 발음하죠? 엄마에게 물어보면 모른다고 하세요. 우리 엄마가 외국 사람이라 그런가 봐요. 우리 엄마는 'ㅊ'과 'ㅆ' 발음을 잘 못해요. 그런데 저도 그래 요. 어렸을 때 사람들이 제 발음이 이상하다고 그랬어요. 그래 서 공부 시간에 대표로 책을 읽을 때면 자신이 없어요. 선생님 이 제발 발표 좀 시키지 않았으면 좋겠어요. 발표할 때면 선생 님이 저를 시킬까 봐 가슴이 조마조마해요."

오랜만에 명진이의 고민을 들었어요. 명진이의 말처럼 국어는 쉽지 않습니다. 선생님이 7~8년 전에 언뜻 신문에서 본 내용이에요. 세계에서 가장 배우기 어려운 언어가 러시아어고, 두 번째로 어려운 언어로 한국어가 뽑혔답니다. 한국어는 자음과 모음의 수가 적어서 반나절이면 글자를 깨우칠 수 있는 우수한 언어입니다. 그런데 배우면 배울수록 발음의 예외 규정과 불규칙 그리고 어미 변화가 많아서 어려움을 크게 느낀답니다.

영어나 중국어, 일어 등 어느 언어든지 어려운 발음들이 있어요. 우리가 태어나서 지금까지 배운 한국어에는 정말 어려운 발음들이 많아요. 그래서 교과서에 어려운 발음들을 소개하고 제대로 발음하는 방법을 가르치지요.

지역에 따라 잘하지 못하는 발음도 있어요. 한국 사람인데 이중 모음 발음을 어려워하는 사람도 있고요. 그러니까 외국에서 온 사람들은 한국어를 배우기가 더 힘들겠지요? 엄마가 외국인이라서 'ㅊ'과 'ㅆ' 발음을 잘되지 않는 것은 어쩌면 당연한 건지도 몰라요. 엄마가 한국어로 말씀을 잘하시면 "우리 엄마, 한국말을 정말 잘한다." 하고 칭찬해줄래요? 명진이가 하는 칭찬 한마디에 엄마는 더욱 자신감이 생기고 기분이 좋아질 거예요.

'밝다, 맑다'는 [박따]와 [막따]로 읽어요. 겹받침이 들어간 낱말은 한국에서 태어나고 자란 사람들도 발음하기가 헷갈려요. 그럴 때는 국어사전을 펴보세요. 사전에서 원하는 낱말을 찾을 수 있어요. 낱말 옆에 발음을 적어놓았기 때문에 어떻게 발음하는지 쉽게 알 수 있지요. 인터넷 사전은 낱말 옆에 스피커 모양의 아이콘이 있어요. 그 스피커 표시를 누르면 어떻게 발음하는지 소리가 나와요. 그래서 외국인이나 한국인이나 쉽게 따라 읽고 발음할 수 있지요. 자, 그렇다면 '밝아서, 맑아서'는 또 어떻게 발음할까요? '발가서, 말가서' 이렇게 발음해요. 하나씩 차근차근 익혀보아요.

부산에서 살던 범규가 안산으로 전학을 왔어요. 범규는 13년 동안 부산에서 살았기 때문에 부산 사투리를 써요. 어느 날, 국어시간에 범규가 일어나서 책을 읽었어요. 교과서에 있는 글대로 읽었는데 읽을 때마다 부산 억양과 발음이 툭툭 튀어나왔어요. 그 모습이 귀여워 친구들이 웃고 선생님도 껄껄껄 웃었어요. 범규의 얼굴이 엄청나게 빨개졌어요. 명진이가 자기 발음을 창피해하는 것처럼 범규는 자기 억양이 창피했다고 해요. 그래서 얼굴이 빨개졌대요. 사실 선생님과 친구들은 범규의 발음이 귀여워서 웃었거든요. 그러니 창피해하지 않으면 해요.

만일 발음에 자신이 없다면 TV 뉴스 프로그램을 시청하는 것도 좋은 방법이에요. 뉴스를 진행하는 아나운서들은 매일 발음 연습을 해요. 정확한 우리 말로 소식을 전하기 위해서지요. 아나운서들의 발음을 주의 깊게 듣고 따라 하다 보면 아마 명진이의 발음은 대한민국 최고가 될 거예요.

그리고 이건 노파심에 물어보는 거예요. 명진이는 발음 때문에 발표가 싫은 건가요? 아니면 다른 사람 앞에서 말하는 '발표'라는 형식이 싫은 건가요? 어떤 친구는 선생님이 질문이나 발표를 시키면 너무 떨려서 심장이 바닥에 떨어질 것 같다고 말해요. 심장은 쿵쾅거리지, 얼굴은 벌게졌지. 자신이 무슨 말을 하는지 기억을 못하기도 해요. 선생님이나 친구들이 모두 나를 쳐다보고 있으니 떨리기도 하고요.

다른 사람 앞에서 말하는 것은 굉장히 큰 용기가 필요해요. 사람들 앞에서 말하는 것이 부끄럽고 떨려서 발표하기 싫은 것이라면 특별히 연습을 해야 해요. 말하기 연습이죠. 태어날 때부터 다른 사람 앞에서 말을 잘하는 사람은 없어요. 발표를 연습해서 성공한 경험이 하나둘 쌓이면 사람들 앞에서도 말을 잘하게 되지요. 그러니까 명진이가 무엇 때문에 발표가 싫은지를 정확하게 알아야 해요. 그리고 그것을 해결할 수 있는 방법을 찾기를 바랍니다.

공부를 못해서
걱정이에요

+ 공부 잘하고 싶어요

어이쿠! 아이들이 머리를 감싸 쥐며 책상 위에 엎어지는군요. 뭐가 잘 풀리지 않는지 짜증이 가득한 얼굴이에요. 혹시 문제가 많이 어려운가?

공부 때문에 다들 스트레스를 받아본 적이 있지요? 사실 공부를 잘하는 방법은 책상 앞에 앉아서 열심히 하는 것 이외에는 없는 것 같아요. 공부 방법에 대해서는 무척 다양한 조언들이 많이 있어요. 그런데 어느 방법이 내 것인지를 잘 모르겠어요. 어떤 사람은 공부가 제일 쉬웠다는데 아무리 생각해봐도 공부가 쉬운 분야는 아닌 것 같거든요.

"중학교에 와서 처음 성적표를 받은 날을 잊을 수 없어요. 제가 공부를 그렇게 못하는지 몰랐어요. 학기말 평가는 정말 잘보고 싶었는데…… 성적을 봤더니 처음과 비슷했어요. 그 다음부터는 공부를 했는데도 성적이 별로 나아지지 않았어요. 제머리가 나쁜 건가요. 대왕 창피, 완전 실망! 나는 공부를 못하는 사람인가 봐요. 그런데 공부를 못하면 아무것도 할 수 없다는 생각이 들어요.

누가 공부를 좀 가르쳐줬으면 좋겠어요. 부모님이 농사를 지으셔서 새벽부터 한밤중까지 바쁘세요. 추수를 하고 나면 겨울에는 시간이 좀 있어요. 하지만 아버지는 겨울에도 동네 양계장으로 부업을 하러 가세요. 1년 내내 힘든 일만 하시니까 집에오면 항상 피곤해하시고요.

어렸을 때는 엄마랑 같이 공부하는 아이들이 부러웠어요. 그런데 우리 엄마는 외국 사람이라 제 공부를 가르쳐주기 어려워요. 우리 엄마는 스페인어를 잘해요. 하지만 교과서는 한국어로 되어 있어서 무슨 뜻인지 잘 몰라요.

엄마가 저에게 공부를 왜 그렇게 하지 않냐고 하면 저는 아예 공부에 관심 없는 척을 했어요. 사실 속마음은 엄마와 공부하고 싶어요. 저도 다른 아이들처럼 부모님께 공부를 배우고 싶어요. 그렇지만 집에서 공부를 가르쳐줄 사람이 없어요. 저 혼자 공부해야 하는데 어떻게 해야 잘할 수 있는지를 모르겠어요."

태양이의 고민을 듣고 선생님은 참 마음이 아팠어요. 공부를 잘하고 싶은데 방법을 모르겠다는 그 마음이 얼마나 답답했을까요? 어릴 때는 부모님의 도움을 받아 여러 가지 공부를 해요. 처음 세상에 태어나 옹알이를 하며 부모님과 함께 공부를 시작해요. 더 자라면 부모님이 노래랑 율동도 가르쳐주시지요. 아이에게 동화를 읽어주시고 한글을 가르쳐주시기도 해요. 아마 태양이의 옹알이를 처음 들어주신 분도 어머니고, 태양이가 처음 말을 배울 때 가장 기뻐한 분도 태양이 어머니셨을 거예요.

태양이 엄마는 필리핀 분이십니다. 영어도 잘하고, 스페인어도 잘하세요. 그런데 농사를 짓느라 바빠 한국어를 배우지 못하셨어요. 그래서 태양이의 공부를 도와주기가 어려우시지요. 태양이가 혼자 애쓰는 것을 보며 엄마의 마음도 안타까웠을 것 같아요.

그리 멀지 않은 옛날이야기를 하나 할까요? 선생님이 태양이 나이였을 때 이야기예요. 그때는 과외도 학원도 모두 금지였던 시절이었어요. 선생님도 학교 공부를 집에서 하고 싶은데 집에 가면 공부를 가르쳐줄 사람이 없었어요. 그래서 집에서 공부할 때는 교육 방송을 들었어요. 교육 방송에는 일반 교과에 대한 내용도 있고, 어학만 알려주는 채널도 있어요. 그래서 학교 진도에 맞춰 공부하기 편했어요. 그중에 가장 좋은 점은 외국인을 만나지 않아도 대화하듯이 언어를 배울 수 있다는 것이지요. 그 후로도 선생님은 다른 나라에 파견가거나 다른 나라 사람들과 교류할 때 필요한 언어를 교육 방송으로 공부했어요.

그 습관이 있어서 선생님은 지금도 TV 교육 방송을 자주 시청해요. 선생님은 학교에서 초등학생을 가르치지만 중고등학교에

들어간 제자들의 진학 지도 때문에 교육 방송 특강을 자주 들어요. 제자들의 부모님이 외국인이라 우리나라 학교 진학에 대한 정보가 거의 없으세요. 그래서 선생님이 교육 방송으로 입시 전략을 들어서 알려주는 것이지요. 스타 강사 선생님들의 입시 전략을 들으면 잘 알지 못하는 분야에 대한 정보를 얻을 수 있어요.

만약 지방에 있어서 서울 학생과 교육 수준이 다를 것이 불안하다면 교육 방송으로 공부하는 방법을 추천하고 싶어요. 태양이도 혼자 공부하는 것이 부담스럽다면 교육 방송으로 공부해봤으면 해요. 학교 진도에 맞추어 자기주도적으로 공부할 수 있을 거예요.

선생님은 쪽지를 읽으며 태양이의 마음을 간절하게 느낄 수 있었어요. 공부에 관심도 있고, 공부를 잘하고 싶은데 방법을 잘 모르는 상황이지요. 선생님은 학생들과 지내는 시간이 많아서 공부를 잘하는 학생들의 특징을 어느 정도 알 수 있어요. 태양이가 괜찮다면 몇 가지 습관을 소개해주고 싶어요.

여러분도 함께해볼까요? 자신에게 해당하는 내용이 있으면 ∨ 표를 해보세요.

1. 나는 잠을 규칙적으로 충분히 잔다. ⋯⋯⋯⋯⋯⋯⋯⋯⋯ ( )

2. 나는 아침식사를 꼭 먹는다. ⋯⋯⋯⋯⋯⋯⋯⋯⋯⋯⋯ ( )

3. 나는 학습 준비물을 잘 챙긴다. ⋯⋯⋯⋯⋯⋯⋯⋯⋯⋯ ( )

4. 나는 예습과 복습을 한다. ⋯⋯⋯⋯⋯⋯⋯⋯⋯⋯⋯⋯ ( )

5. 나는 수업시간에 집중한다. ⋯⋯⋯⋯⋯⋯⋯⋯⋯⋯⋯ ( )

6. 나는 책을 많이 읽는다. ⋯⋯⋯⋯⋯⋯⋯⋯⋯⋯⋯⋯ ( )

7. 나는 목표를 세워 공부한다. ⋯⋯⋯⋯⋯⋯⋯⋯⋯⋯⋯ ( )

8. 나는 결과를 분석하고 새롭게 도전한다. ⋯⋯⋯⋯⋯⋯⋯ ( )

9. 나는 나만의 공부 방법이 있다. ⋯⋯⋯⋯⋯⋯⋯⋯⋯⋯ ( )

10. 나만의 여가 활용 방법이 있다. ⋯⋯⋯⋯⋯⋯⋯⋯⋯⋯ ( )

난데없이 잠을 충분히 잤냐는 질문부터 나와서 이상한가요? 학교와 학원 공부를 지치도록 하는데 어떻게 잠을 충분히 자겠냐는 아이들도 있어요. 하하하! 모르는 말씀! 잠을 충분히 자야 공부를 잘할 수 있답니다. 무엇보다 수업시간에 집중해서 배울 수 있어요. 공부를 잘하는 친구들은 의외로 규칙적으로 숙면하는 수면 습관을 갖고 있어요. 매일 조금만 자고 밤을 새워 공부할 것 같은데 말이죠.

공부는 마라톤과 같아요. 짧게 벼락치기로 해결될 때도 있지만 결국 자기가 원하는 결과를 얻으려면 꾸준히 노력해야 해요. 그러니까 피로가 쌓이지 않도록 잠을 자야 해요. 매일 규칙적으로 충분히 자는 습관이 필요해요.

아, 그리고 아침밥도 중요해요. 아침에 우리 뇌가 빨리 깨어나 활동하려면 포도당이 필요해요. 그래서 아침밥을 먹어서 영양소를 우리 몸에 줘야 해요. 그래야 오전 수업에도 지치지 않고 참여할 수 있어요. 아침밥을 먹지 않은 아이들 중에는 잠에 덜 깨어서 학교에 오자마자 책상에 엎드려 자는 친구들도 있어요. 1~2교시가 되어도 정신이 가물가물한 친구들이 있지요. 우유 한 잔이나 미숫가루도 좋아요. 간단하게라도 아침을 거르지 않았으면 좋겠어요.

요즘에는 기본적인 학습 준비물을 학교에서 제공해요. 하지만 교과목마다 필요한 준비물이 있지요. 준비물을 잘 준비해야 학습 활동에 적극적으로 참여할 수 있지요. 학습 준비물을 잘 챙기는 습관은 예습과 복습을 하는 습관으로 이어져요. 왜냐하면 복습과 예습을 하려면 그날 사용한 학습 준비물을 다시 사용해야 하기 때문입니다.

어떤 사람은 예습이 중요하다고 하고, 또 어떤 사람은 복습이 중요하다고 해요. 예습을 하면 다음 시간에 배우는 내용에 자신감이 생기니까 좋아요. 복습은 배운 내용을 명확하게 내 것으로 정리할 수 있어서 좋지요.

둘 다 중요하지만 시간이 너무 없어서 하나를 선택해야 할 수도 있어요. 그렇다면 선생님은 복습을 권하고 싶어요. 복습하면서 정리를 잘 해놓으면 그 다음 시간에 배우는 내용이 생소하더라도 집중해서 들을 수 있어요. 우리 뇌는 똑똑해서 관련된 부분을 찾기 위해 모든 세포를 집중시킬 거예요.

가장 좋은 복습 방법이 있어요. 자기가 공부한 내용을 다른 사람에게 설명해보세요. 내가 잘 모르는 부분은 설명하기 어려워요. 설명을 하다가 막히거든요. 친구나 동생에게 어려운 내용을 이해하기 쉽게 전달하기 위해 스스로 방법을 찾게 됩니다. 태양이의 뇌가 잘 기억할 수 있는 방법을 스스로 찾게 되는 것이지요. 그러면서 공부 내용을 더 잘 이해하게 됩니다.

아, 선생님이 폭풍 잔소리를 늘어놓은 것만 같네요. 집에서 엄마가 매일 하는 말씀과 비슷하지요? 하지만 태양이가 공부를 잘하는 방법을 알고 싶다고 해서 마저 더 이야기할게요.

공부 잘하는 아이들은 어떨까요? 많은 책을 정독해요. 글의 뜻을 파악하며 자세히 읽고 다음 책장을 넘겨요. 책상에 바르게 앉아서 엄숙한 얼굴로 책을 읽을 것 같죠? 잘 관찰해보면 그렇지도 않아요. 시간이 나야지만 책을 읽을 것 같지요? 하지만 그 친구들은 쉬는 시간에 짬짬이 책을 읽느라 정신이 없어요. 도서관 구석에 철퍼덕 앉아서 종이 울리는 줄도 모르고 책을 읽기도 하고요. 집에서는 뒹굴뒹굴 굴러다니면서 책을 읽는대요. 특히 흥미로운 분야의 책을 읽을 때는 눈에서 빛이 나죠. 평소에 책을 보며 간접 경험한 것들이 지식으로 쌓이게 됩니다. 그리고 새로운 호기심을 피워내지요. 그것이 공부에도 도움이 되고요. 지금 바로 도서관으로 달려가서 여러분이 흥미를 갖는 책을 한 권 뽑아보세요.

> 목적이 없는 공부는 기억을 망칠 뿐이며, 머릿속에 들어온 어떤 것도 간직하지 못한다.
>
> (Study without desire spoils the memory, and it retains nothing that it takes in.)
>
> _레오나르도 다빈치

이 말은 헛공부에 대한 가르침이라 선생님도 새겨듣고 있어요. 공부를 하기 전에 목표를 세우는 것은 좋은 습관이에요. 공부를 잘하는 아이들은 시험지와 성적을 받았을 때 결과를 분석하고, 다음 목표를 세워 도전하는 모습을 자주 봅니다. 새롭게 도전하면서 문제를 풀기 위해 여러 가지 방법을 찾아보지요. 그러면서 자신에게 가장 잘 맞는 공부 스타일(Style)을 만들어 나갑니다. 누가 시키지 않아도 스스로 찾아가며 공부를 해요. 즉, 자기주도적으로 공부하는 것입니다.

앞으로는 공부를 하기 전에 목표를 세워보세요. 그리고 공부한 결과를 받고 나면 그것을 분석해보세요. 자기가 세운 목표와 결과를 분석하다 보면 앞으로 어떻게 하면 좋을지를 알게 될 거예요. 그러니 긍정적인 생각을 갖고 다음 목표를 설정해보세요.

공부를 하다 보면 일시적으로 또는 반복적으로 잘되지 않는 때가 와요. 그래서 스트레스를 심하게 받기도 하지요. 그럴 때는 좋아하는 음악을 듣거나 기분 전환을 위해 운동을 시작해요. 그림을 그리거나 요리를 하는 것도 도움이 되지요. 아빠와 낚시를 하거나 등산을 하기도 해요. 청소를 하며 정리하는 것 또한 좋은 방법입니다. 정말로 공부를 잘하는 아이들은 자신을 잘 다독이는 방법이 있어요. 스트레스를 날려 버릴 수 있는 '나만의 여가 활용 방법'을 꼭 만들어두세요.

+ 시험→나쁜 점수→공부 못하는 사람?

이쯤에서 폭풍 잔소리를 마칠까 했지만 태양이가 공부를 못하면 아무것도 할 수 없다는 생각이 든다고 해서 한마디만 더 하려고요.

우리는 보통 시험을 보고 나쁜 점수를 연달아 받으면 태양이처럼 '나는 공부를 못하는 사람'이라고 생각해버려요. 그러면 우리는 너무 쉽게 '공부 못하는 사람'이 되어버리죠. 그런데 한 번 생각해볼까요? 나는 정말 공부를 못하는 사람인지 말이에요.

우리가 배우는 공부에는 굉장히 다양한 과목이 있어요. 국어랑 수학이랑, 과학이나 사회, 도덕도 있고, 체육이랑 음악, 미술이 있지요. 그뿐인가요? 영어, 중국어, 일본어, 스페인어 등등! 더 생각해보면 요리도 공부고, 옷 만들기도 공부고, 집을 짓는 것도 공부입니다. 연기도 공부고, 봉사 활동도 체험 활동도 모두 공부예요. 공부를 하고자 하면 공부가 아닌 것이 없을 정도예요.

샤트라는 수학은 잘하지만 음악은 잘하지 못해요. 반면에 앨릭은 그림을 잘 그리고 수학은 잘 못했죠. 어떤 사람은 체육을 잘하고 또 어떤 사람은 체육을 잘 못해요. 잘 못하는 것은 하기 싫어지고, 하기 싫다 보니 준비도 연습도 안 하게 됩니다. 그러니까 더 못하게 돼요. 즉, 악순환이 일어나는 거죠. 잘 못하는 공부만 생각하면 점점 부정적으로 생각하게 되기도 해요.

의지가 굳고 도전의식이 강한 사람들은 자신의 단점(잘 못하는 것)을 잘하도록 만드는 방법을 찾아서 노력해요. 그렇게 해서 자신의 단점을 이겨내지요. 하지만 우리 모두가 똑같이 단단한 사람들은 아니에요. 단점 때문에 스트레스를 받고 마음에 상처가 생겨요. 만일 이런 일이 생기면 내가 잘하는 공부는 무엇인지 살펴보는 것이 필요해요.

필리핀에서 온 현주는 영어와 따갈로어를 잘해요. 같은 나라에서 온 마리엘은 비사야어를 잘하고 준경이는 다른 아이들보다 축구를 잘해요. 다른 사람보다 잘하는 것은 재능이에요. 비사야어나 따갈로어처럼 다양한 언어를 잘하는 것 또한 특별한 재능이지요.

학교에서 국어나 수학을 잘하는 것도 재능이에요. 예를 들면 국어를 잘하는 학생은 국어 공부에 재능이 있는 거예요. 과학을 잘하는 학생은 과학 공부에 재능이 있고 수학 문제를 잘 푸는 아이는 수학 공부에 재능이 있는 거죠. 기술가정에 뛰어난 손재주를 보이는 학생이 있는가 하면 체육에서 재능을 보이는 학생도 있어요.

곰곰이 찾아보면 우리는 모두, 특히 잘하는 공부가 있어요. 유치원 때 잘했던 것, 초등학교 때 잘했던 것이 있고, 지금 잘하는 것이 있어요. 남들보다 잘하는 것, 다른 공부보다 잘하는 공부에 관해 이야기할 때 자신의 표정을 떠올려보세요. 기분 좋게 웃고 있었을 거예요. 그것에 대한 자신감이 있어서 자존감이 높아진 것을 단박에 알 수 있지요.

그러니까 우리는 모두 특별하게 잘하는 것이 있어요. 앞으로 잘할 수 있을 것 같은 미래를 상상하면 그 생각만으로도 가슴이 뛰는 무언가가 우리에게는 있어요. 그것을 꼭 찾아야 해요.

세상에는 여러 가지 공부가 있어요. 우리가 가진 특별한 재능도 여러 가지예요. 태양이는 어떤 공부에 재능이 있나요? 우리는 어떤 재능이 있는지 아직 모를 수도 있어요. 훗날 보석처럼 빛날 자신의 가치를 아직은 모를 수 있어요. 지금부터 자신이 어떤 공부에 재능이 있는지 잘 관찰해보세요. 마부하이!(따갈로어예요. 한국말로 화이팅!)

한국에서 제 진로를
어떻게 정해야 할까요?

+ 진로→돈 잘 버는 직업→성공한 사람?

선생님의 제자들은 가끔 이런 말을 해요. 중학교 2학년 겨울방학 때나, 중학교 3학년 때 '스승의 날'에 만나면 주로 하는 이야기예요.

"내년이면 고등학교를 가야 해요. 근데 어디를 갈 수 있는지, 어디를 가야 하는지 모르겠어요. 좀 더 일찍 정신 좀 차릴걸…… 저는 너무 늦었어요."

-창수-

"전 한국에서 잘하는 것이 없어요. 어릴 적에 살던 러시아에 가도 잘하는 것이 없을 거예요. 뭘 해야 할지 모르겠어요."

-유리-

"유리처럼 저도 뭘 해야 할지 모르겠어요. 딱히 하고 싶은 것도 없고요. 돈을 잘 버는 직업을 가지고 싶어요. 그런데 다들 공부를 잘해야 그런 직업을 가질 수 있다고 그래요. 하지만 공부는 재미없고, 힘들어요. 그래서 다시 시작하기가 두려워요."

-호세-

어쩌면 창수의 말처럼 늦었을 수 있어요. 다른 아이들은 내신 성적을 잘 받고, 학원에 다니며 이것저것 준비한 것도 많을 테니까요. 이제 와서 내가 공부를 다시 시작한다고 해도 과연 그 친구들과 경쟁해서 이길 수 있을까요. 그래서 무슨 소용이 있을까 싶대요.

그런데 선생님의 생각은 좀 달라요. 정말 수습할 수 없을 정도로 늦은 것은 아니에요. "늦었다고 생각할 때가 가장 빠를 때"라는 말이 있어요. 늦었다는 것을 깨달은 순간, 바로 목표를 세워 매진하면 좋은 결과를 얻을 수 있어요. 그 대신 늦은 만큼 몇 배로 열심히 노력해야 하지요. 요즘은 인생이 100세 시대라잖아요. 청소년인 여러분은 인생의 긴 여정에서 이제 겨우 몇 걸음 왔을 뿐이에요. 중요한 것은 지금부터라도 시작하는 것이지요.

유리와 호세처럼 뭘 해야 할지 모를 수 있어요. 그럴 수 있어요. 한국에서 태어나서 공부한 친구들도 이런 고민을 많이 해요. 어느 고등학교에 가야 하는지, 자신이 뭘 잘하는지를 잘 몰라서 고민이 많아요. 한국 사람들 중에서 부모님을 따라 외국에서 생활하다가 온 아이들도 이런 고민을 많이 해요. 하물며 모국에서 오랜 기간 생활하다가 한국에 온 친구들은 정말 걱정이 더 많아요. 한국어를 배우고 익히는 동안 모국어는 많이 까먹었기 때문이지요. 그리고 다시 모국으로 돌아간다 해도 이미 진도를 많이 나간 모국의 친구들을 따라잡는 것이 매우 어려워요. 그래서 반드시 한국에서 진학을 해야 하지요. 그 친구들의 진로 고민도 절대 가볍지 않아요.

+ 진로, '하고 싶은 일'에 대해 생각해보기

선생님은 늦게 결혼해서 낳은 외동아들이 있어요. 지용이라고 해요. 지용이는 이제 열한 살이 되었어요. 그리고 공부를 별로 좋아하지는 않는 것 같아요. 글쎄요. 사실 대한민국에 공부를 좋아하는 아이들이 몇 명이나 있을까요. 지용이는 평소에 공부를 잘 안 해요. 그러다 시험이 코앞에 닥치면 공부를 하지요. 공부를 하면서 한숨을 푹푹 쉬어요. 지용이 한숨 소리에 땅이 꺼질 것 같아요. 시험 전날에는 머리도 살살, 배도 살살 아파서 일찍 자야 한대요. 시험 보는 날 아침에는 학교에 가기 싫다며 볼멘소리로 노래를 불러요. 여러분도 그런가요?

지용이는 설계도를 잘 읽고 척척 조립하는 재능이 있어요. 아빠나 삼촌은 사용법을 몰라서 갸우뚱하는 기계들을 몇 번 살펴보고 금방 해결해주지요. 지용이는 매일 양손에 조립거리들로 손 쉴 틈이 없어요.

어느 일요일에 선생님은 지용이와 레고를 사러 갔어요. 굉장히 복잡한 레고였지요. 그날 종일 과학축제행사를 돌아다녀서 우리는 엄청나게 피곤했어요. 잠깐만 앉아도 눈꺼풀이 무너져 내렸어요. 그런데 지용이는 집에 들어오자마자 레고박스를 풀고 조립을 시작했어요. 시계를 얼핏 봤을 때 저녁 8시였어요. 어휴! 그런데 이 녀석이 밤 12시가 다 되도록 자지도 않고 계속 조립을 하는 거예요.

"지용아, 자야지. 내일 학교에 가야 하는데 피곤하잖아. 힘들지 않아?"

"하하하. 엄마. 재미있어서 하는 일은 힘들지 않아요. 제가 알아서 할게요."

헉! 세상에! 선생님은 순간 할 말을 잃었어요. 열한 살짜리가 자기가 알아서 하겠다니. 지용이의 당돌함에 선생님이 깜짝 놀랐어요. 게다가 이 녀석은 벌써 알고 있었어요. 재미있어서 하는 일은 힘들지 않고 신이 난다는 것을요.

우리는 재미있는 것에 집중할 때 밥 먹는 것을 까먹거나 화장실에 가는 것까지도 참을 때가 있어요. 집중하는 재미를 깨지 않기 위해서지요. 스스로 신이 나서 하는 일에는 잠도 미루고, 다른 사람의 잔소리도 전혀 들리지 않아요. 마치 귀에 바깥과 차단하는 장치가 있는 것 같아요. 그만큼 내가 하고 있는 것이 좋은 거지요.

여러분은 어떤 일을 할 때 신이 나나요? 한 번 생각해볼까요? 정말 재미있어서 오랫동안 몰입하게 되는 그것이 공부 중 어느 분야인지를 찾아보세요. 여러분의 흥미가 공부로 이어질 수 있어요. 그리고 그 과정은 여러분이 진로를 찾아나가는 데 매우 큰 도움이 될 거예요.

선생님은 제자들의 진로를 상담할 때 인터넷 탐색을 해보라고 권해요. 한국직업능력개발원에서 운영하는 커리어넷(www.career. go.kr)을 자주 권합니다. 이 사이트에서 여러분은 진로를 정하는 데 도움이 되는 자료와 경험을 해볼 수 있어요. 커리어 플래너(Career Planner), 진로심리검사, 진로상담 등을 받아볼 수 있어요. 나의 진로를 찾고, 미래 직업을 구체적으로 알아볼 수 있답니다.

그리고 한 가지 생각해볼 것이 있어요. 요즘은 진로를 '직업 정하는 것'으로 생각해요. 그리고 좋은 직업은 돈을 잘 버는 직업이라고 생각하는 사람들이 많아요. 그리고 돈 잘 버는 사람을 성공한 사람이라고 흔히 생각하지요.

"엄마, 엄마는 내가 자라서 어떤 직업을 가졌으면 좋겠어요?"

지용이가 저에게 이렇게 물어보았어요. 유치원에 다닐 때 지용이는 '비행기를 닦는 사람'이 되는 게 꿈이었어요. 비행기를 닦아 주면서 자기가 좋아하는 여러 종류의 비행기들을 매일 볼 테니까요. 그러면 정말 행복할 것 같다고 했어요. 작년에는 저와 주말에 요리를 함께하더니 요리사가 되고 싶다고 했어요. 올해는 태권도 3품을 따더니 태권도 시범단이 되고 싶대요. 전 세계를 돌아다니며 태권도를 알리고 싶대요. 나는 엄마니까 지용이의 꿈을 응원해요. 지용이가 좋아하고 잘하는 것을 찾고, 그 분야를 공부하길 바라지요. 선생님은 지용이가 좋아하는 것이 진학과 직업으로 이어지면 좋겠어요.

그리고 어른들도 진로와 직업 때문에 고민해요. 그런 어른들이 생각보다 많아요. 대학교 1학년이 되자마자 진로 고민을 하는 사람들도 있어요. 사실 이때는 좀 빨리 고민을 시작한 편이에요. 대부분의 사람들이 고등학교 때까지는 비슷한 일정으로 공부를 해요. '대학을 잘 가기 위한 성적'만을 위해 공부하는 학생들이 많거든요. 그런데 대학생 때부터는 스스로 계획을 세워 공부해야 하지요. 그래서 진짜 자기 적성을 찾아 대학에 온 게 맞는지 몹시 혼란스러워 해요.

심지어 대학을 졸업한 후나 직장에 다니면서도 고민하는 사람도 많아요. 때로는 연봉을 몇 억씩 받고 성공했다는 말을 듣는 사람들도 "직업에 아쉬움이 크다, 인생이 재미없다"는 말을 해요. 왜 그럴까요? 호세가 바라는 '돈을 잘 버는 직업'을 가진 사람들인데 왜 고민할까요? 그건 아마 행복하지 않아서 그럴 거예요. 돈만 있다고 다 행복해지는 건 아니거든요. 내 삶을 아끼고 즐길 수 있는 일을 찾아야만 행복해질 수 있어요. 선생님은 행복을 느낄 수 있는 직업이 좋은 직업이라고 생각해요. 그래서 지용이나 창수, 유리, 호세가 행복의 꿈을 키울 수 있는 진로를 정하길 바랍니다. 우리 모두 행복한 삶을 살게 하는 직업을 갖길 희망해요.

이성교제를 왜
반대하는지 모르겠어요

+ **몸은 어른이 되어 가는데……**

수염이 나네? 왜 수염이 나지? 이런 생각을 해본 적이 있나요? 청소년기가 되면 우리 몸이 쑥쑥 자라면서 몸의 변화를 직접 느낄 수 있어요.

남자아이는 어깨가 넓어지고 근육이 발달하면서 남자다운 몸으로 변해요. 가늘었던 목소리가 중저음으로 남자답게 굵어지는 변성기가 와요. 아빠의 면도기를 빌려서 수염을 깎아야 해요. 만약 수염을 깎지 않으면 어떻게 될까요? 영화배우들처럼 멋지게 수염을 길러 볼까 상상하며 거울 앞에서 시간을 보내죠. 얼굴에는 올록볼록 여드름이 나고 피부가 예민해져요. 그리고 겨드랑이와 생식기 주변에 털이 나게 되죠.

여자아이는 엉덩이와 가슴이 커지며 여성스러운 몸매로 변해요. 남자아이처럼 심하게 변성기를 겪지는 않지만 목소리가 조금 달라지기도 하죠. 얼굴에는 여드름이 나서 사진을 찍기 싫어지고요. 겨드랑이와 생식기 주변에 털이 나는 건 남자아이와 같아요.

이것은 사춘기에 들어서며 2차 성징이 나타나는 것입니다. 2차 성징이 모든 아이들에게 동시에 나타나거나 같은 속도로 진행되지는 않아요. 신체의 각 부분이 다른 속도로 성장해요. 유전이나 환경, 아이들의 건강 상태가 서로 영향을 주지요. 그래서 사람에 따라 성장 시기도, 속도도 조금씩 달라요. 아이들이 성장하는 데 개인마다 차이가 생기지요.

무엇보다도 가장 놀라운 변화는 생식과 관련된 변화예요. 남자아이는 생식기관이 성장하면서 정자를 만들고 사정하는 일이 가능해져요. 남자아이의 몸이 아빠가 될 준비를 해요. 여자아이 역시 생식기관이 발달하면서 배란을 하고 생리를 하게 됩니다. 여자아이의 몸이 엄마가 될 준비를 하는 거죠.

이 시기가 되면 여러분은 자신의 신체 변화를 부끄러워하기도 해요. 스스로도 몸의 변화가 놀랍고 당황스럽기도 하지요. 몸은 이렇게 쑥쑥 자라는데 마음은 아직 그만큼 자란 것 같지 않아 불안정해지기도 합니다. 하지만 부모님은 정말 흐뭇해하실 거예요. 아장아장 걸음마를 떼던 아이가 벌써 2차 성징을 할 정도로 자라다니! 부모님께는 여러분의 성장이 기쁨 그 자체랍니다. 한편으로는 고민이 생겨요. 여러분의 눈높이에 맞는 성교육이 필요한데, 어떻게 설명할지 고민이 되는 거지요. 유치원 때처럼 "엄마의 씨앗과 아빠의 씨앗이 만나서 아기 씨앗이 태어났단다.", "엄마랑 아빠랑 손을 꼭 잡고 자니까 네가 만들어졌단다."라고 설명할 수는 없잖아요. 여러분은 부모님이 신체 변화와 성에 대해 어떻게 말해 주셨으면 좋겠어요?

+ 부모님이 이성교제를 말려요

"아들이 누구랑 대화하는지 모르겠어요. 매일같이 휴대폰으로 통화를 해요. 공부를 하는가 싶어서 들여다보면 또 휴대폰을 잡고 있어요. 밤새 문자를 보내느라 아주 늦게 자는 것 같아요. 머리며 옷이며 모양을 내는 일에 정신이 빠져 있습니다. 아무래도 여학생이랑 사귀는 것 같아요. 걱정입니다."

"어머니, 승찬이가 여학생을 사귀는데 뭐가 걱정이세요?"

선생님이 다문화 가정이나 탈북 가정 아버지나 어머니를 만나면 이런 고민을 자주 들어요. 아들딸의 성교육과 이성교제 때문에 부모님의 고민이 깊은 것을 느끼지요. 부모님들은 아이들의 자유로운 이성교제가 굉장히 당황스럽대요. 왜냐하면 부모님 모국의 연애관이나 결혼관이 우리나라의 현재와 많이 다르기 때문이에요. 세계에는 결혼할 때 부모님이 자녀의 결혼 상대를 정해주는 나라가 있고, 결혼 전에 연애를 하면 안 되는 나라들도 있어요. 이런 나라에서 온 부모님들은 아이들의 연애가 매우 충격적이지요. 우리나라에는 심지어 처음 만난 남녀가 가상으로 부부생활을 하는 TV 프로그램들까지 있으니 더욱 놀랍다고 해요. 솔직히 이해할 수 없다는 말씀을 여러 번 하기도 하시지요. 또한 다문화 가정이나 탈북 가정의 부모님이 자신의 청소년기 환경과 지금의 환경이 너무 달라서 이성문제에 대해 고민이 많대요.

탈북한 정원이 어머니와 승찬이 어머니가 그러셨어요. 남한에 오니 TV를 볼 수가 없다고요. 방송에 자녀들과 함께 보기에 민망한 것들이 너무 많다고 하셨지요. 그래서 아이만 두고 출근할 때도 걱정이 된다고요. 아이들이 인터넷으로 남녀가 야하게 나오는 동영상을 보는 것 같다고 하세요. 그런데 아이들에게 어떻게 말하면 좋은지 모르겠다고 하십니다.

"사실 동영상을 많이 봤어요. 낮에는 부모님들이 안 계신 집에 모여 친구들과 같이 봤어요. 저만 그런 거 아니에요. 다들 남녀 관계에 궁금증이 많아요. 부모님이 여자 친구를 사귀는 건 절대로 안 된다고 하지만 모두 사귀고 싶어해요."

이건 정원이와 승찬이의 의견이에요. 한국은 북한이나 무슬림을 국교로 하는 나라들에 비해 의복이나 표현, 교제의 자유가 큰 편이에요. 드라마, TV 프로그램, 인터넷 동영상에는 정원이와 승찬이의 호기심을 자극할 만한 것들이 정말 많지요. 자꾸 보면 실제로 해보고 싶은 생각이 들고요.

한국의 사회 분위기 역시 청소년의 이성교제에 대해 관대한 편이에요. 한국의 중고등학교는 대부분 남녀 공학이지요. 남녀가 함께 있는 학급도 많고요. 남학생과 여학생이 한 교실에서 공부하면서 자연스럽게 이성에 관심을 갖게 되지요. 너 찜! 나 찜! 서로 마음이 통해서 이성교제를 시작하기도 해요. 친구들이 커플이라고 불러주지요.

부모님들은 대개 이성교제를 '시간을 낭비하고, 공부에 방해된다'는 이유로 반대하거나 금지하세요. 진로와 진학을 준비해야 하는 시기에 이성 친구를 만나는 건 이르다고 생각하시지요. 하지만 부모님들이 무턱대고 반대하면 우리 친구들이 교제 사실을 숨기고 몰래 사귀는 일이 생기기도 해요. 그러다 보면 오히려 안 좋은 상황이 생길 수도 있어요. 그러니 부모님께 숨기기보다는 이성교제에 대한 부모님의 생각과 자신의 생각을 진지하게 나눠보세요. 부모님이 염려하는 상황에 대해 '그렇지 않다. 걱정하지 않도록 할 수 있다'는 믿음을 보여드릴 필요도 있어요.

어른들 역시 청소년 시기에 첫사랑, 짝사랑, 엇갈린 사랑의 경험을 했어요. 선생님도요. 남들보다 정신 연령이 한참 어렸던 선생님은 대학생이 되어서야 첫사랑에 눈을 떴죠. 혼자서 울고 웃는 짝사랑이었어요. 20여 년이 지난 지금도 가끔 아카시아가 흩날리던 달콤한 5월이 생각나요. 그리고 베이지색 바지를 입은 사람을 보면 순간 가슴이 떨려요. 순수한 시절의 감정이 평생 어여쁜 추억이 되는 것 같아요. 부모님도 여러분과 같은 시기가 있었어요. 그러니 여러분들이 지금 어떤 마음인지 부모님도 잘 이해할 수 있을 거예요.

부모님이 여러분의 이성교제를 반대하는 또 다른 이유가 있어요. 여러분의 몸이 남성과 여성의 몸으로 달라지는 아주 중요한 시기이기 때문이에요. 남성 호르몬, 여성 호르몬이 왕성히 분비되면서 외모가 달라지고, 성에 대한 관심이 높아지게 돼요. 그러면서 성적 충동이 일어날 수 있어요. 부모님은 혹시 우리 아이가 이성교제를 하면서 성적 충동을 잘 다루지 못하면 어쩌나 걱정하세요. 정말 너무 어린 나이에 아무런 준비 없이 임신과 출산, 양육이란 현실적인 문제를 맞닥뜨리는 청소년들도 있어요. 자신은 책임질 수 있다고 생각하지만 현실에서는 아직 미성년자이기 때문에 대부분 그러지를 못하지요. 자신은 물론이고, 부모님, 주변인, 새 생명에게도 매우 힘겨운 시간이 되기 마련입니다. 그래서 부모님들이 더욱 경계하는 거예요. 청소년기에 책임이 따르는 일이 생길 수 있음을 청소년 스스로가 꼭 알아야 해요.

솔직하게 말하자면, 선생님은 남학생을 상담할 때와 여학생을 상담할 때 하는 말이 굉장히 달라요. 요즘 보면 여자아이들이 학교 동아리 선배나 동네 오빠, 동갑 남자친구와 '사귐의 과정과 단계'에 대해 많이 생각하는 것 같아요.

"처음엔 얼굴을 마주치는 것만으로도 심장이 쿵 하고 떨어져요. 옆에 있으면 얼굴이 벌겋게 달아올라요. 손끝만 스쳐도 찌릿찌릿 감전된 것 같아요."
"우리는 사귀기로 했어요. 처음에는 어색했지만 이젠 자연스럽게 손을 잡아요. 장난스런 입맞춤을 하기도 해요. 손을 잡고 입 맞추고, 다음엔 어떤 단계인지 저도 알아요. 그래서 좀 떨려요. 이래도 되는 건지 겁이 나요."

선생님은 일단 아이들이 하는 이야기를 들어봐요. 입이 하나고, 귀가 둘인 이유는 다들 알죠? 적당한 수준으로 사귀는 것에는 든든한 지지를 보내요. 하지만 아이들이 책임질 수 있는 수준이 아니라고 판단될 때가 있어요. 그럴 때는 "절대로 사귀는 오빠나 남자 친구를 믿지 말거라. 청소년기 남자아이들은 대부분 자기 몸을 잘 통제할 수 있을 정도로 성숙하지 않단다."하고 말해요. 이럴 때 선생님은 꽤 직설적으로 확실하게 말해요. 선생님도 부모님과 같은 이유로 이성교제를 말려요. 남자의 생각과 여자의 생각은 정말 많이 다르거든요. 오죽하면 화성에서 온 남자, 금성에서 온 여자라는 표현이 있을까 생각이 들지요.

여러분은 아직 부모님께 배워야 할 것이 많은 시기예요. 남자아이들은 아빠에게, 여자아이들은 엄마에게 배우면 좋은 것 같아요. 물론 부모님들은 아들딸 구별 없이 잘 설명할 수 있어요. 이성교제를 하면서 성적 충동이 일어난다면 이것을 건전한 문화생활과 취미생활, 운동 등으로 해소할 수 있어요. 부모님과 같이 탐색하고 시간을 함께 보내면서 방법을 배웠으면 해요. 부모님의 허락 아래 바람직한 이성교제를 하면서 성숙한 인간으로 성장할 수 있기를 바랍니다.

PART
04

행복한 우리 집을
원해요!

왜 내 피부색만 이럴까?
엄마가 원망스러워요

햇볕이 따뜻한 4월의 어느 날이었어요. 스르륵. 교실 문이 조용히 열렸어요.

"선생님, 잠깐 들어가도 되나요?"

윤형이 엄마가 큰 눈을 반짝이며 서 계셨어요. 윤형이에게 준비물을 가져다주려고 학교에 왔다가 선생님 교실에 들르셨답니다. 선생님이 차 한 잔을 권했고, 우리는 마주 앉아서 이야기를 했어요. 우리는 동갑이라 이야기가 아주 잘 통하거든요. 윤형이 엄마는 스리랑카에서 한국으로 시집을 왔어요. 처음에는 한국말을 하나도 몰라서 한국 생활이 힘들었대요. 그러다 윤형이가 학교에 입학하면서 덩달아 한국어를 많이 배우게 되었지요. 한국어를 배워서 매우 기뻐하셨지요. 그런데 요즘 윤형이 때문에 고민이 많으신 것 같아요. 며칠 동안 잠을 못 주무셨다는데 눈 밑이 판다곰 같았어요.

"친구들이 윤형이 피부색을 가지고 자꾸 놀린대요. 윤형이가 저를 원망해요. 엄마를 닮은 것이 싫은가 봐요. 피부색은 바꿀 수 없어요. 어떻게 하지요?"

윤형이는 엄마를 닮아서 곱슬머리에 피부도 까맣거든요. 피부색 때문에 친구들이 "너, 어느 나라에서 왔어?"라는 질문을 자꾸 한대요. 교실에서 선생님이 안 계시면 윤형이를 '깜둥이'라고 부르는 친구도 있고요. 어떻게 도와주어야 할지 고민이라고 하셨어요. 타고난 피부색을 바꿔줄 수도 없고…….

"어떻게 도와주어야 할까요, 선생님?"

피부색 때문인지, 학교에서 친구들과 사이가 좋지 않아서인지 윤형이는 엄마에게 부쩍 신경질이 늘어났대요. 왜 한국에 왔냐고, 왜 자신을 낳았냐며 울고 소리치기도 하나 봐요. 윤형이 엄마에게 윤형이는 가장 소중한 존재인데, 윤형이는 그 마음을 모르는 것 같아요. 집에서도 점점 엄마와 대화를 하지 않으려 하고, 엄마가 해주는 것을 고분고분 받아들이지 않는대요. 윤형이는 점점 방에 혼자 있거나, 아예 바깥에만 있으려고 한다는 거예요. 윤형이 때문에 요즘 들어 가족이 함께하는 외출은 꿈도 꿀 수 없대요.

선생님은 윤형이 엄마의 속상한 마음을 잘 알 것 같아요. 윤형이도 아마 마음고생이 많이 있었을 거예요. 커갈수록 점점 외모에 신경 쓰게 되는데 피부색으로 놀림을 받다니. 윤형이의 스트레스가 이만 저만이 아닐 거예요. 윤형이가 받은 마음의 상처는 잘 살펴서 보듬어줘야 한다고 생각해요. 하지만 이것은 부모님의 잘못이 아니라, 놀리는 친구들의 문제임을 정확히 알았으면 해요.

하지만, 선생님은 윤형이 엄마가 윤형이의 반항을 '피부색에 대한 원망'으로만 보지는 않았으면 했어요. 청소년기에 들어서면서 어른들에게 반항심을 갖는 아이들이 많아요. 그것은 아주 자연스러운 과정이지요. 대화도, 행동도 부모님이나 선생님보다는 오히려 친구를 찾게 되지요. 부모에게서 서서히 독립하여 나의 정체성을 만들고 싶은 때라서 그렇습니다. 하지만 아직 어른만큼 성숙하고 책임감 있지는 못해서 부모님께 기대고 싶은 마음도 클 때이지요. 청소년을 둔 부모님들은 이러한 특성을 잘 알아둘 필요가 있어요.

하지만 부모도 사람인지라, 말 때문에 상처를 받아요. 선생님은 윤형이가 엄마에게 상처가 되는 말을 하지는 않았으면 좋겠어요.

속상한 마음을 솔직하게 털어놓고, 엄마와 더욱 대화하면 좋겠어요. 가족이라는 이유로 함부로 말하거나 상처를 주어서는 안 되기 때문이에요. 오히려 가족이기 때문에 더욱 아끼고 사랑해줘야 합니다. 가장 가까운 존재이니까요. 윤형이 엄마가 윤형이를 사랑해주듯이 말이에요. 윤형이 엄마와 선생님에게 윤형이의 피부색은 매우 아름답기만 한 걸요.

예전에도 윤형이처럼 외모 때문에 친구들에게 놀림을 당하는 경우가 종종 있었어요. 피부색을 두고 놀리는 일이 많았지요. 그래서 윤형이 엄마처럼 걱정하는 부모님들이 많아요. 외모로 놀림을 당하는 것도 걱정이고, 놀림을 당하고 있는데 어떻게 도와줘야할지도 걱정하게 되지요. 윤형이 엄마와 윤형이의 고민을 어떻게 해결해줄 수 있을까요?

멜라닌 색소에 대해 한 번쯤 들어본 적이 있을 겁니다. 우리 피부가 햇빛을 받으면 태양의 자외선에서 우리 몸을 보호하기 위한 활동을 시작해요. 멜라닌 색소의 활동이 바로 그것이지요. 햇빛 양이 늘면 멜라닌 색소도 늘어나고 몸을 보호하는 활동도 많아집니다. 그래서 우리 피부는 점점 갈색으로 변해요.

예를 들어볼게요. 여름방학에 해수욕장에 가서 신 나게 놀았어요. 수영도 하고, 모래성도 쌓으며 즐거운 시간을 보냈답니다. 저녁이 되니 어깨와 등이 후끈후끈하며 벌겋게 달아올라 있어요. 살이 발갛게 익어서 갈색으로 변했다가 껍질이 벗겨지기도 해요. 흔히 '살이 탔다'는 표현을 쓰는데, 이때가 그렇지요.

여름휴가 동안에 잠깐 즐긴 해수욕에도 피부색이 변하는데 생활 지역에 따라 우리 피부는 정말 많이 변하겠지요. 핀란드에 사는 사람들과 한국에 사는 사람들 그리고 인도네시아에 사는 사람들은 모두 피부색이 달라요. 조상들이 일조량이 적은 스칸디나비아 반도 쪽에 살았는지 일조량이 많은 적도 지역에서 살았는지에 따라 피부색이 달라집니다. 인간의 유전자들은 참 똑똑해서 그 점을 잘 기억하고 저장했겠죠? 이 멜라닌 색소에 대한 정보가 후손에게 물려져 우리의 피부색이 달라진 것이지요. 피부색은 자연환경에 잘 적응한 우리 몸의 지혜인 셈이에요. 이 지혜의 산물을 놀림거리로 여기는 친구들에게 윤형이가 이렇게 이야기해주면 좋겠어요.

"미스터 코리아 선발대회를 본 적 있니? 보디빌딩을 하는 사람들은 자기 근육을 멋지게 보이려고 피부를 구릿빛으로 태운대. 몸이 더 건강하게 돋보이도록 갈색으로 빛나게 하는 오일(Oil)을 바르더라. 갈색 피부는 건강하고 멋져 보이지 않니? 게다가 나는 일부러 태우지 않아도 되잖아. 나는 내 피부색이 정말 맘에 들어."

거울 앞에 서볼까요? 자신감 넘치는 멋진 윤형이가 서 있을 거예요. 자기 자신을 더욱 아끼고 사랑했으면 좋겠어요. 자신의 모습을 긍정적으로 보게 된다면, 엄마를 향한 원망도 사라지게 될거예요. 이렇게 멋지고 사랑스럽게 키워주신 부모님에게 감사한마음도 생겨날 거예요.

사실 피부색은 나의 일부분일 뿐이에요. 다른 나라와 교류가 활발해지면서 앞으로는 더 다양한 외모와 피부색을 가진 사람들이함께하게 될 거예요. 서로 어울리면서 다양한 아름다움을 발견하게 될 거예요. 나를 대표하는 것 중에 외모는 아주 작은 부분이지요. 그러니까 그것을 넘어서는 내면의 가치와 사랑하는 마음을 키웠으면 좋겠어요. 바로 윤형이의 엄마처럼요.^^ 다양한 나의 모습을 모두 사랑하는 마음을 가졌으면 해요.

제게 가족은
가슴 아픈 이름이에요

"나는 가족과 함께 인도네시아에서 온 채세원입니다. 우리 아빠는 한국 사람, 우리 엄마는 인도네시아 사람입니다. 엄마는 사업 때문에 인도네시아에 온 아빠와 사랑에 빠졌대요. 그리고 내가 태어났죠. 나는 인도네시아에서 행복하게 살았어요. 한국에 와서 아빠와 엄마는 자주 싸웠어요. 그리고 이혼하셨어요. 지금은 엄마랑 둘이 살고 있어요.

'가족, 부모님, 사랑'에 대한 이야기가 나올 때마다 나는 울고 싶어요. 아빠가 보고 싶지만 엄마에게 이야기할 수 없어요. 내가 그런 말을 하면 나를 키우느라 힘들게 일하는 엄마가 슬퍼할 것 같아요. 부모님과 함께 지내는 친구들이 정말 부러워요. 친구들은 "아버지 뭐 하시노?" 하며 웃지만 난 웃지 않아요. 선생님이나 친구들이 아빠와 가족에 대해 물어보는 것이 너무너무 싫어요. 가족 얘기는 절대로 아무에게도 하고 싶지 않아요."

아빠 나라인 한국에 온 세원이. 세원이에게 가슴 아픈 일이 생겨서 매우 안타깝군요. 아빠, 엄마, 세원이 모두 정든 인도네시아를 떠나 한국에 와서 적응하느라 많이 힘들었을 거예요. 사람들은 새로운 환경에 적응할 때 스트레스를 심하게 받아요. 한국 사람인 아빠도 많이 변한 한국에 적응하기가 쉽지 않았을 거예요. 인도네시아에서 태어나고 자란 엄마와 세원이가 적응하는 것은 더 어려웠겠지요.

한국 생활에 정착하는 과정에서 아빠와 엄마의 의견이 많이 달랐을 것이고, 그래서 자주 다투셨을 거예요. 서로 각자의 길을 가는 것이 더 발전적인 미래라고 생각해 이혼하셨겠죠. 부모님이 이혼하셨다고 해서 세원이를 사랑하지 않는 것은 아니에요. 이미 알고 있지요? 아빠와 엄마가 세상에 하나뿐인 세원이를 얼마나 사랑하는지를요.

선생님은 부모님의 이혼을 잘 받아들이고, 엄마를 생각하는 마음에 투정조차 부리지 않는 세원이가 참 대견해요. 그런데 세원이는 아직 다 자라지 않았어요. 어른들의 마음을 헤아려서 자신의 마음을 억눌러서는 안 됩니다. 아빠가 보고 싶다고 하면 엄마가 슬퍼할 것 같지요. 하지만 그건 아직 말해보지 않아서 모르는 일이에요. 엄마가 잠깐 서운해할 수도 있어요. 하지만 엄마도 외할아버지에 대한 그리움을 생각해보실 거예요. 세원이가 얼마나 아빠가 보고 싶을지, 함께 만든 추억이 얼마나 소중한지 금방 알 거예요.

세원이 아빠는 세원이를 만날 권리가 있어요. 그런 권리를 바로 '면접교섭권'이라고 하지요. 이혼을 하고도 자식을 만날 수 있는 권리예요. 혹시 엄마가 속상해할 것이 걱정되거나 아빠를 자주 만나기 어렵다면 SNS로 아빠에게 안부를 물어봐도 괜찮을 거예요. 선생님은 세원이가 아빠와 엄마에게 속마음을 솔직하게 드러내는 것이 좋다고 생각해요. 그래야 세원이가 더 건강하게 자랄 수 있다고 생각해요. 사랑하면 사랑한다고, 힘들면 힘들다고, 보고 싶으면 보고 싶다고 말해야 해요. 아직 어린 세원이가 아빠를 보고 싶어하는 건 지극히 당연한 일이에요.

초등학교 교과서에는 이런 설명이 나와요. 가족의 형태는 참 다양해요. 아빠와 엄마가 함께 사는 가족은 가장 일반적인 가족 형태예요. 반면에 손자나 손녀가 할머니 또는 할아버지랑만 사는 가족이 있어요. 세원이처럼 부모님 중 한 분이랑 생활하는 가족도 있고요. 아이들을 입양해서 가족이 되기도 해요. 할아버지와 할머니, 아빠와 엄마, 삼촌과 고모들이 모두 함께 사는 대가족도 있어요. 반면 1인 가구인 독신가족도 있어요. 어떤 가족 형태가 가장 좋을까요? 이 질문에는 답이 없어요. 다 소중한 사람들로 이루어진 가족이기 때문이에요. 그러니까 세원이가 엄마랑 사는 걸 불완전한 가족이라고 생각해서 움츠러들지 않았으면 좋겠어요. 우리는 다양한 형태의 가족들과 살고 있어요. 앞으로도 가족 형태는 더 다양해질 테니까요.

이건 선생님이 들은 이야기예요. 대학생들이 취업서류를 작성하는 데에 아버지 직업과 어머니 직업을 쓰는 칸이 있대요. 응시자들은 그 칸을 보면서 마음이 불편했었대요. 면접을 볼 때는 "아

버님은 뭐 하십니까?"란 질문을 들어 꿍장히 불쾌했대요. '나'라는 존재를 낳고, 먹이고 입히고 가르쳐서 이만큼 키워주신 부모님의 직업이 왜 중요한 것일까요? 마치 당신의 부모가 사회적으로 성공한 사람이냐 아니냐를 묻는 것 같아 매우 씁쓸해진다고 해요. 그것이 부모님의 가치를 결정하는 게 아닌데 말이지요.

물론 세원이는 '아버지 뭐 하시냐?'는 질문이 부모님의 직업 때문에 싫은 것은 아니에요. 아버지와 함께하지 못하는 상황 때문이지요. 하지만 내 마음이 무거우면 우스갯소리가 전혀 우습지 않게 들려요. 웃기지 않는데 억지로 웃을 필요는 없어요. 오히려 감정을 표현할 필요가 있어요. 일기장에 세원이의 마음대로 글을 쓰거나 낙서를 실컷 해봐도 좋아요. 정말 슬픈 영화를 보며 펑펑 울어도 괜찮아요. 그러다 보면 지금보다 마음이 조금 더 여유로워져요. 자연스럽게 아빠 이야기도 하고, 가족 이야기도 할 수 있는 시기가 곧 온답니다. 지금이 나비에게는 절대로 말하고 싶지 않은 번데기 시절일 수도 있어요.

내 핏줄은 조선족,
고려인이에요

+ 한국 바깥의 한국인들의 이야기

한반도에는 남한과 북한을 합쳐 7천만 명이 넘는 사람들이 살아요. 한반도 밖에도 700만 명이 넘는 한국 사람들이 살아가지요. 2013년 9월에 외교부(http://www.mofa.go.kr)가 정리한 자료를 볼까요? 2012년 12월 재외동포는 7,012,492명이라고 해요. 그러니까 그때보다 시간이 지난 지금은 아마 더 많은 한국 사람들이 한반도와 한반도 밖에 살 거예요.

한반도 밖에서 살고 있는 한국 사람들은 살펴볼까요? 그들은 한국 국적으로 다른 나라에서 살고 있는 사람과, 외국 국적으로 한국계 외국인인 사람으로 나뉘어요. 선생님의 사촌 오빠는 중국 상하이에 살아요. 사촌 오빠와 가족 모두 한국 사람이에요. 희원이는 중국 국적을 갖고 있지만 조선족이라 한국계 외국인입니다. 선생님의 사촌 오빠나 희원이를 우리는 재외동포라고 부르지요.

그런데 왜 한국 사람들이 해외에서 살게 되었을까요? 과거에 고구려, 백제, 신라 사람들, 발해와 고려 사람들이 한반도 밖에서 생활했던 기록들이 있네요! 박물관에 가서 이것을 한 번 찾아보는 것도 좋은 공부가 될 것 같아요.

1800년대 후반, 조선에 흉년이 심해서 농사짓던 사람들이 러시아의 연해주와 중국 만주 지역으로 이주를 했대요. 그런데 잘 생각해보면 중국 만주는 고구려의 옛 영토였고, 러시아의 연해주는 발해의 옛 영토였어요. 역사적으로 뿌리가 깊은 옛 영토로 이주한 셈이지요. 1900년대 초에는 애국지사들과 지식인들이 독립운동을 하기 위해 한반도 밖으로 이주했지요.

조선족이란 말을 들어본 적이 있나요? 조선족은 사전에 이렇게 나와요.

'중국에 사는 우리 겨레'

고구려와 발해의 옛 영토였고, 조선인들이 이주해가서 터를 잡은 곳이 바로 조선족 자치구예요. 우리 고유의 문화를 그대로 계승하고 보존한 조선족은 중국에서도 유명해요. 우리 선조들이 교육열이 높은 것처럼 조선족의 교육열은 중국에서 으뜸이에요. 아무리 힘들어도 참고 견디며 자식을 교육시키기 위해 부모 세대들이 희생하지요.

고려인은 사전에서 찾으면 무슨 뜻일까요? 고려인을 러시아어로 '까레이스키'라고 해요.

'러시아와 벨라루스, 우즈베키스탄, 우크라이나 및
카자흐스탄, 키르기스스탄, 타지키스탄 등의 국가에 거주하는 한인 교포'

연해주로 이주한 조선인들은 러시아의 이주정책으로 인해 중앙아시아의 러시아 연방국가들로 강제이주를 당했어요. 조선인들은 그 과정에서 재산을 다 빼앗기고, 많이 죽었어요. 이주하다가 얼어서 죽고, 기아로 죽었어요. 한국 역사상 가장 슬픈 이주의 역사지요. 그들이 도착한 중앙아시아의 국가들은 옛날부터 고려와 무역을 하던 나라들이에요. 그래서 고려인, 즉 까레이스키라고 불렸지요.

중앙아시아에 도착한 고려인들은 몹시 힘겹게 살았어요. 빈털

터리로 강제이주를 당해서 집, 먹을 것, 뭐 하나 제대로 된 것이 없었지요. 땅에 토굴을 파고 살았다고도 해요. 고려인들은 불굴의 의지로 황무지를 개간하고 농장을 일구며 정착했어요. 그러기까지 얼마나 고단하게 살았을지 상상이 되고도 남아요.

나는 카자흐스탄에서 온 미하일을 볼 때마다 홍범도 장군이 생각나요. 일제강점기에 봉오동 전투와 청산리 전투를 승리로 이끈 홍범도 장군을 알고 있나요? 홍범도 장군은 러시아 지역에서 독립운동을 하다가 중앙아시아의 카자흐스탄으로 강제이주를 당했어요. 카자흐스탄의 크질오르다(Kzyl-Orda)에서 극장의 경비원으로 일하다가 1943년에 광복을 보지 못하고 돌아가셨대요. 고려인인 미하일을 볼 때면 '이 아이가 그런 분들의 후손이구나!' 하는 생각에 눈시울이 붉어져요.

조선족 자치구에서 살던 조선족과 중앙아시아의 신생 독립국가에서 살던 고려인, 재외동포들이 한국으로 오고 있어요. 한국에서 열심히 일해서 돈을 벌고 조상의 뿌리를 찾아서 오는 것이지요. 우리 겨레가 돌아오고 있어요. 우리 선조들이 그랬듯이 모두 자식들을 잘 교육시키고 싶어 해요. 자식에게 좋은 교육 환경을 주고 싶어서 자녀들과 함께 오지요. 청소년기의 조선족과 고려인 아이들을 '한민족 청소년'이라고 해요.

+ 우리는 이곳에서 행복한 가족이 될 수 없나요?

여기 길림에서 온 주원이의 고민이 있어요. 혹시 비슷한 고민을 가진 친구들이 있다면 함께 생각해볼까요? 기쁨은 나누면 배가 되고, 슬픔은 나누면 반이 된다잖아요. 여럿이 함께하면 정말 좋은 해결 방법이 나온답니다.

"저는 주원이에요. 길림에서 살았어요. 어렸을 때부터 한국에 올 때까지 저를 할머니께서 키워주셨어요. 부모님이 한국에 일 하러 가셨기 때문에요. 아마도 엄마가 저를 키우며 일하는 것 이 참 힘들다고 생각하신 것 같아요.

중국에 있을 때는 저랑 비슷한 처지에 있는 친구들이 많았어 요. 부모님들이 한국에 가고 친척도 없는 친구들은 학교 기숙 사에서 살았어요. 저는 할머니가 계셔서 할머니랑 살았어요. 할머니보다 저를 사랑하는 사람은 없을 거예요. 저나 친구들이 서로 어떤 마음인지 잘 알아요. 그래서 제가 한국에 간다는 말 을 미리 못했어요. 저만 부모님과 함께 지내게 된 것이 매우 미 안해서요. 부모님을 기다리는 친구들의 마음에 상처가 될 것 같았어요. 떠나는 날에 친구들에게 말했다가 울음바다가 되었 어요.

저는 가끔 한국에 왜 왔을까 후회를 해요. 한국에 와보니 공장이나 식당에 조선족이 많아요. 한국에서 힘든 일은 조선족이 다 하는 것 같아요. 부모님도 여기저기 아픈 곳이 늘어나고 힘들어 하세요.

조선족에 관한 나쁜 뉴스가 나오면 저는 조선족인 것이 창피해요. 보미나 영하는 학교에서 저를 "야, 조선족!" 하고 불러요. 나는 조선족이니까 그렇게 부르면 대답하는 것이 맞아요. 근데 친구들이 '조선족, 조선족!' 하는 게 은근히 기분이 나빠요. 그래서 여기서는 마음이 통하는 친구를 사귈 수가 없어요."

선생님은 가끔 주원이 눈을 봐요. 주원이의 눈 속에 친구들이 있어요. 그리운 선생님과 할머니의 모습이 보여요. 주원이는 친구들이랑 뛰놀던 길림의 학교랑 동네를 자주 떠올리는 것 같아요. 주원이가 길림에 있을 때는 한국에 간 엄마와 아빠가 그리웠대요. 그런데 이제는 친구들과 할머니가 보고 싶대요. 공부 시간이나 쉬는 시간에 혼자서 눈을 감고 그때를 떠올리는 버릇이 생겼어요. 그럴 때면 선생님도 '우리 주원이가 고향 냄새를 맡고 있는 중이구나!'라고 생각해요.

전학이나 유학을 가본 경험이 있는 친구들은 주원이의 마음을 이해할 수 있을 거예요. 전학이나 유학을 가면 자신의 뜻과는 상관

없이 이전 지역이나 국가를 대표하는 사람이 돼버려요. 12~13년 전, 선생님은 싱가포르에 있어요. 지금도 그렇지만 당시 싱가포르는 한국보다 법 질서가 철저한 나라였어요. 길가에 침을 뱉거나 담배꽁초, 쓰레기를 버리면 바로 벌금을 내야 했지요. '몰라서 그랬다'는 변명에도 절대 관용이 없는 나라였지요. 그런데 한국 사람들이 실수를 여러 번 하는 바람에 좋지 않은 인상이 있었어요. 그때는 마치 내가 한 일처럼 부끄러웠지요. 싱가포르에서 "한국 사람들은 왜 그러냐?"는 소리를 들으면 몹시 창피해서 숨고 싶었어요.

"야, 중국에서 온 사람들은 왜 그렇게 냄새가 심해? 잘 안 씻는다며? 옆에 있으면 코가 마비되는 것 같아!"

아이들이 중국에 대해 마구 떠듭니다. 아. 나라마다 음식에 자주 사용하는 향신료가 달라요. 향신료의 향이 사람들 몸에 배기 때문에 냄새가 다른 건데, 그 사실을 모르고 떠드는 것이지요.

"야, 조선족들은 왜 그래? 도대체 왜 한국에 오는 거야? 한국에 와서 맨날 강력 사건만 일으키잖아! 어제 뉴스 봤어? 그렇게 흉측한 일을 조선족이 저질렀다며? 이제는 놀랍지도 않아! 저렇게 무서운 애들이랑 어떻게 친하게 지내!"

아이들이 조선족에 대한 불만을 툭툭 내뱉습니다. 뉴스에서는 조선족이 한국에 와서 저지른 범죄를 보도합니다. 그럴 때마다 주원이 눈썹이 움찔움찔합니다. 아버지가 조선족인 샛별이는 얼굴이 벌게집니다. 마치 조선족 모두가 죄를 지은 것 같은 기분이 들어서 그렇지요. 주원이의 가족, 샛별이의 아버지는 매우 다정하고 사랑스러운 사람들인데 그런 편견 속에 사는 것이 매우 힘겹기만 합니다.

어느 사회나 여러 부류의 사람들이 살아요. 어느 사회에서나 착한 사람이 있는가 하면 못된 사람이 있고, 정의로운 사람이 있는가 하면 그렇지 않은 사람이 있지요. 그렇기 때문에 뉴스나 사람들의 시선 앞에서 가족이나 자신을 부끄러워할 필요는 없습니다. 아니 그래서는 안 됩니다. 주원이가 모르는 사람의 실수 때문에 움츠러들 필요는 더더욱 없답니다. 가족과 행복하게 살기 위해 애쓰는 부모님을 자랑스럽게 생각하고 아껴주어야 한답니다.

주원이가 느낀 것처럼 조선족과 고려인이 산업 현장에서 많은 일을 해요. 요즘 한국 사람들은 힘들고, 지저분하고, 위험한 일을 하지 않으려고 해요. 그 자리를 대신해서 해외에서 온 재외동포와 외국인이 열심히 일하고 있어요.

예전에는 한국 사람들이 외국인이나 재외동포들에게 기술을 가르쳐주었어요. 그런데 지금은 기술을 가진 한국 사람들이 많이 줄

었대요. 그리고 기술을 배우려는 젊은이들을 찾기도 쉽지 않고요. 그래서 기술을 전수받은 사람들은 대부분 재외동포와 외국인들이라고 합니다. 이들이 모두 돌아간다면 한국 산업 현장은 멈춰질 거라는 이야기도 있어요. 조선족과 고려인은 그만큼 대한민국의 중요한 역할이 되어가고 있지요. 지금 대한민국의 산업 현장을 지켜 주는 분들께 선생님은 감사한 마음이 들어요. 잘 모르고 편견으로 이야기하는 사람들이 이러한 사실을 알았으면 좋겠어요. 그리고 그분들을 위해 산업 현장이 더 안전하고 쾌적해졌으면 좋겠어요.

보미나 영하는 아무래도 조선족이 어떤 의미인지 아직 모르는 것 같아요. 보미, 영하는 조선족이 우리와 뿌리가 같은 나라 사람인지 모르는 것 같아요. 잘 모르기 때문에 잘못된 말을 하는 아이들에게는 시간을 내서 가르쳐주면 됩니다. 그런데 마음으로 잘 못 받아들이는 아이들도 있어요. 이러한 아이들에게는 시간이 필요해요. 더 넓게 마음을 열고 이해하는 능력을 키우는 시간 말이에요. 주원이가 바른 아이라는 것을 알면 친구들이 하나둘 다가올 거예요. 보미나 영하도 주원이에게 다가올 날이 곧 올 거예요. 길림 때처럼 한국에서도 좋은 친구들을 사귈 수 있으니 걱정하지 말았으면 해요!

해마다 가족을 따라 한국에 와서 고민하는 친구들이 많아요. 선생님은 그 친구들을 보며 이런 생각이 들어요. 중국에 있었다면 하지 않아도 될 고민을 한국에 왔기 때문에 하는 것은 아닐까요? 중국에 있었으면 어땠을까요? 어느 아이보다 더 건강하고, 훨씬 자신감 있게 자라지 않았을까요?

선생님은 지금보다 건강해지고, 더 나이를 먹으면 조선족 자치구에 가서 일하고 싶어요. 부모님들이 일하러 한국으로 떠나 텅 빈 마음으로 남겨진 아이들과 함께 있고 싶어요. 부모님이 걱정하지 않도록 열심히 배우고 생활하는 아이들로 기르고 싶어요. 중국 최고의 교육열을 자랑한 조선족 자치구의 명예를 다시 드높일 수 있는 학교를 만들고 싶어요.

부모님은 일하느라
나에게 신경 쓰지 않아요

"정원이는 학교에서 전혀 말을 안 해요. 공부 시간이나 쉬는 시간에 다른 아이들과 말하는 것을 볼 수 없어요. 제가 대화하려고 이것저것을 묻거나 상담 시간을 잡아서 가족이나 생활에 대해 물어봐요. 그러면 매번 '일없슴다.' 로 때워요. 답답해 죽겠어요."

어느 날, 정원이의 담임선생님께서 저에게 달려오셨어요. 정원이가 학급 친구들과도 문제가 있는 것 같은데 질문에 대답을 하지 않는다고 해요. 친구들과 아예 말을 안 하니 협동 학습이나 조별 활동도 할 수 없다고 하네요.

선생님이 정원이를 만나 이야기를 들어봤어요.

"부모님을 따라 국경을 넘었습니다. 어딘지 모르는 곳에서 숨어 살다가 도망치며 살았습니다. 붙잡힐 뻔했던 무서운 날들이 계속되었지만 엄마가 남한에만 가면 다 해결된다고 참으라고 했습니다. 남한은 우리 가족이 몸도 마음도 따뜻하게 지낼 수 있는 나라라고 들었습니다. 잠이 들면 저는 남한에 가는 꿈을 꾸었습니다.

나는 남한에만 오면 다 잘될 거라 생각했습니다. 그런데 생각보다 힘듭니다. 부모님은 너무 바쁘십니다. 일하는 중에는 전화를 받지 못해요. 담임선생님은 부모님과 상담을 원하지만 부모님은 학교에 오실 시간이 없어요. 그리고 남한에 오고 나서 부모님이 제게 관심이 없는 것 같습니다. 서로 얼굴을 보고 말할 시간이 없을 때가 많아요. 속상한 일도 많은데 말할 데가 없어요. 이럴 걸 뭐 하러 여기까지 왔나……

남한 학교는 북한에서 다니던 학교와 너무 다릅니다. 생각보다 모르는 말이 많아서 대화에 끼어들기 어렵습니다. 저보다 먼저 한국에 온 승찬이가 말해줬어요. 아이들은 북한에서 왔다는 것을 알면 무시한다고 말입니다. 학교에서 친구들이 승찬이의 말투를 흉내 내며 놀렸다고 합니다. 그 이야기를 듣고 저는 친구들 앞에서는 입을 다뭅니다. 제가 말을 하면 북한 말투가 그대로 나옵니다. 저는 그걸 들키고 싶지 않습니다. 북한에서 온 것은 절대로 말하고 싶지 않습니다. 친구들이 저를 무시할 테니까요."

정원이는 처음 만났을 때부터 몇 달 동안 말을 하지 않았었죠. 한국말을 몰라서가 아니라는 것쯤은 선생님도 눈치 채고 있었어요. 이럴 때는 기다림이 약이죠. 다른 아이들보다 두 살이나 많아서 그랬는지, 정원이는 더 빨리 더 많은 것을 배우려고 수업에도 굉장히 집중했어요. 정원이가 입을 뗀 것은 그 후로도 시간이 한참 흐른 후였어요.

"크리스마스가 제일 좋습니다. 승찬이의 생일이기도 해요. 한국에 와서 경험한 날 중에서 제일 행복한 날입니다. 남한 사람들은 가족끼리 외식도 하고, 선물을 주고받아요. 저는 그게 부러웠어요. 부모님은 크리스마스에도 바쁘십니다. 저와 함께 있을 시간이 없어요. 저는 승찬이랑 놀다가 탈북 친구들이 모여 사는 그룹홈에 갔어요. 거기서 케이크와 맛있는 음식을 잔뜩 먹었어요. 크리스마스 선물을 받았고요. 승찬이는 참 좋은 날에 태어난 것 같습니다. 점점 집에 오기 싫어집니다. 집에는 아무도 없고, 나 혼자니까요."

정원이처럼 많은 사람들이 크리스마스를 좋아해요. 11월 말부터 울리기 시작하는 크리스마스 캐럴을 들으면 기분이 둥둥 뜨는 것 같아요. 크리스마스 장식, 예쁜 불빛들은 사람들을 참 설레게 해요. 선생님은 지용이와 평소에는 하지 않던 요리에 열을 올려요. 생크림을 바른 케이크랑 과자를 굽느라 주말 내내 부엌을 엉망으로 만들어요. 아이들은 산타 할아버지께 선물을 받으려고 착하게 12월을 보내지요. 들어봤어요? 산타 할아버지는 착한 아이에게만 선물을 주신다죠?

울면 안 돼. 울면 안 돼.
산타 할아버지는 우는 아이에겐
선물을 안 주신대.

산타 할아버지는 알고 계신대.
누가 착한 앤지 나쁜 앤지
오늘 밤에 다녀가신대.

'울면 안 돼'라는 노래를 들어본 적이 있을 거예요. 충청도 출신인 선생님이 이 노래를 부르면 말끝이 좀 달라져요. 한 번은 정말 재밌는 가사를 본 적이 있어요. 그게 바로 제주도 사투리로 부르는 '울면 안 돼'였어요.

충청도 사투리로 부르면	제주도 사투리로 부르면
울면 안 돼유. 울면 안 돼유. 산타 할아버지는 우는 아이에겐 선물을 안 주신대유. 산타 할아버지는 알고 계신댜. 누가 착한 앤지 나쁜 앤지 오늘 밤에 다녀가신댜.	울민 아 니. 울민 아 니. 산타 하르방은 우는 아이신딘 선물은 안 준덴게. 산타 하르방은 몬딱 알주게. 누게 착한 건지 착헌칙인지 오늘 밤인 댕경간덴게.

제주도 특유의 억양과 사투리는 노래를 더 재미있고 신 나게 했어요. 흥얼흥얼 따라 부르면서 여러 번 불러보고 싶은 생각이 들었어요. 제주도는 섬 지역의 특성상 굉장히 많은 낱말들이 육지와 다른 것 같아요. 원래 가사를 모르고 들었다면 도통 무슨 뜻인지 몰라서 통역이 필요했을 거예요. 한 나라 안에서 통역이 필요하다니까 좀 재밌지요?

요즘에는 TV 방송채널이 많고 내용이 다양해서 원하는 방송을 시청하면서 표준어를 쉽게 배울 수 있어요. 정원이가 원한다면 방송을 보며 표준어를 연습해볼 수 있지요. 선생님은 실은 정원이가 북한의 말투를 부끄럽게 여기지 않았으면 좋겠어요. 대한민국의 경상도, 전라도, 충청도, 강원도, 제주도의 사투리처럼 정원이가 하는 북한말도 사투리의 한 종류지요. 북한의 말, 그리고 사투리에는 지역의 문화가 고스란히 녹아 있어요. 잘 보존해야 하는 우리말의 재산이기도 해요. 북한에는 많은 사투리가 있어요. 평안도, 함경도, 자강도, 양강도, 황해도 지역에서 남한과 다른 말들을 사용하지요.

역사 드라마나 6.25 전쟁 영화를 보면 북한 지역의 사투리가 많이 나와요. 평소 자주 듣던 말이 아니어서 드라마나 영화를 보는 내내 알아듣기가 쉽지는 않아요. 그럴 때마다 선생님은 북한 지역의 사투리를 잘 아는 정원이랑 같이 보았더라면 좋았을 거라는 생각을 해요. '조금 투박하지만 들을수록 정감 있는 아주 귀한 우리말이구나! 그러니까 잘 보존하고 연구해서 발전시켜야겠구나!'란 생각도 같이 늘고요.

정원이가 친구들 앞에서 말을 하지 않는 이유가 북한 말투 때문이라니 선생님은 가슴이 아팠어요. 그리고 정원이가 학교와 이곳 생활에 적응하기 위해 얼마나 긴장하고 있을지도 알 수 있었어요. 하루 종일 말을 하지 않고 있으면 얼마나 답답할까요? 그런데 그 답답함을 견딜 만큼 한국 생활에 조심하고 있는 모습이 안쓰러웠어요.

자신감을 가져요. 아자! 정원이는 학교에서 표준어를 배우고 있고, 남들은 배워야만 알 수 있는 북한말도 할 수 있어요. 배우나 코미디언, 작가들이 작품을 위해 몇 달씩 북한말을 배우기도 해요. 그런 언어를 정원이는 능숙하게 하잖아요. 정원이의 북한 말투를 하나의 능력으로 바라보았으면 좋겠어요.

교과서에도 남한말과 북한말을 배우는 부분이 있어요. 도시락을 북한말로 '곽밥'이라고 하는 거 알죠? 아이스크림을 일컫는 '얼음보숭이'라는 말은 참 예뻐요. 북한말은 영어를 쓰지 않고 순 한글로 말을 만들어요. 한글을 지켜내려는 노력은 높이 평가받아야 한다고 생각해요. 그러니까 정원이가 북한말을 안다는 것을 자랑스러워했으면 좋겠어요.

선생님의 마음에 걸리는 게 있어요. 부모님이 정원이에게 관심이 없는 것 같다는 말이요. 아무도 없는 집에 들어가기 싫다는 말도요. 정원이의 부모님은 아마 정원이를 위해서 탈북을 결심했을 거예요. 정원이에게 보다 나은 미래를 주고 싶어서요. 북한에서는 그게 어렵기 때문에 온 가족이 목숨을 걸고 남한에 온 것일 거예요. 너무 위험한 순간들을 잘 이겨내며 정원이를 위해 힘든 과정을 견디셨겠지요.

부모님이 일하느라 바빠서 정원이에게 관심이 없다고 했지요? 부모님은 오히려 정원이에게 많은 관심이 있어서 그런 중대한 결정을 내린 것이에요. 그리고 정원이가 남한에 적응하기 힘든 것처럼 부모님도 적응하느라 노력하는 중이고요.

북한과 남한은 정치·경제·문화가 굉장히 달라요. 어른들도 적응하기가 쉽지 않아요. 배급을 받는 북한과 달리 남한은 직접 돈을 벌어야 해요. 가족이 먹고 살기 위해서는 경제활동을 해야 하지요. 일하고 노력한 것에 대한 대가로 돈을 받아요. 아마도 부모님은 정원이가 좀 더 풍족하게 지내게 하려고 노력하고 있을 거예요. 정원이 부모님도 안간힘을 쓰며 남한 생활에 적응하고 계세요. 정원이를 향한 사랑으로 많은 힘겨움을 견디고 계실 거예요. 홀로 학교에 적응하고 있을 정원이를 생각하며 애틋한 마음은 점점 더 커지고 있을지도 모릅니다.

자식을 생각하는 부모 마음은 변하지도 늙지도 않아요. 부모님이 정원이와 크리스마스에 함께하지 못한 이유도 관심이 없어서가 아니랍니다. 부모님은 정원이에게 경제적으로 안정되고 편안한 미래를 주고 싶어서 그런 거예요. 그래서 부모님은 늦은 밤, 주말, 공휴일을 가리지 않고 열심히 일하세요. 가족들이 모일 따뜻한 보금자리를 위해 조금 더 참고 있는 중이랍니다.

그리고 부모님은 정원이를 믿으신답니다. 생사를 위협받던 그

모진 상황을 뚫고 한국에 온 정원이가 '무엇은 못 견딜까? 다 잘 이겨낼 것이다.' 하는 믿음으로 매일 정원이의 잠든 얼굴을 지켜보실 거예요. 멋지게 성장하고 있는 정원이를 자랑스러워하실 거예요. 시간이 조금 더 흐르면 정원이의 바람처럼 따뜻한 밥상에 둘러앉아 정원이의 학교생활 이야기를 나눌 날이 올 거예요. 그때까지 조금만 더 기다려줄래요?

죽고 싶어요

"선생님, 유키 팔을 좀 봐주세요."

선생님은 유키의 팔뚝에 상처가 생기기 시작한 것을 알지 못했어요. 마치 거친 시멘트 바닥에 넘어졌을 때 생긴 상처처럼 잔뜩 긁혀 있었어요.

"넘어질 때 긁혔어요."

선생님은 별 의심 없이 그 말을 그대로 믿었어요. 그런데 넘어져서 긁혔다는 애가 지역 아동센터에서 문구용 칼로 자기 팔등을 긁고 있더래요. 다급함을 전해 듣고서야 선생님은 유키의 상처가 새롭게 보였어요. 왼손 팔뚝에서 시작한 상처가 손목까지 내려와 있었어요. 유키는 왜 그랬을까요?

"저는 충분히 동생들을 잘 돌보고 있어요. 제가 하고 싶은 것도 많은데 다 양보하잖아요. 그런데도 할머니는 제가 동생들을 잘 돌보지 않는다고 야단을 치세요. 할머니가 욕설을 퍼부으실 때는 죽고 싶어요. 언제쯤 엄마 아빠와 다시 같이 살게 될까를 기다려 보지만 희망이 없어요. 이제는 엄마 아빠도 제 말보다는 할머니 말을 믿어요. 한국에 오실 때마다 할머니 말씀을 잘 들으라는데 그 소리도 지겨워요. 차라리 죽고 싶어요."

유키는 동생들과 외할머니와 함께 한국에서 살게 되었지요. 일본에서 살았지만 아빠가 병이 나면서 한국으로 보내졌어요. 엄마가 아빠를 간호해야 하고, 생계까지 책임져야 해서요. 외할머니는 손자 손녀를 키우는 게 무척 힘드셨대요. 한참 사춘기인 유키와 연세가 많으신 외할머니 사이에 의견 충돌도 많았다고 해요.

우선 불안한 유키의 상태를 조절하는 게 급했어요. 유키를 만났더니 마음속에 담아둔 이야기들을 쏟아냈어요. 미처 예상하지 못했던 유키의 슬픔과 분노에 어른들이 깜짝 놀랐어요. 유키와 할머니의 문제를 풀기 위해 일본에 계신 엄마에게 도움을 요청했어요. 유키의 엄마가 한걸음에 달려왔어요. 힘들었을 유키의 마음을 이해하기 위해 유키 주변의 많은 사람들이 자신들의 말과 행동을 다시 생각해봤어요. 자신의 말과 행동이 유키에게 상처가 되지 않도록 조심스럽게 변화를 주기 시작했지요.

숙제 검사를 하다 본 샤오빙의 공책에는 '죽고 싶다'가 가득 써 있었어요. 아이쿠! 이걸 어째요. 중간평가 시험지 뒷장에는 '죽음'이란 글자를 수십 번 써 내려간 흔적이 나왔고요. 샤오빙은 처음에는 "그냥요. 그냥"만 중얼거리며 별로 말하고 싶지 않아했어요. 그러다가 마침내 입을 열었어요.

"한국에 와서 어려워요. 엄마는 한국에서 성공해야 한다고, 공부를 잘하라고 매일 말해요. 근데 공부를 따라가기 힘들어요. 공부는 그렇다 쳐요. 지금 제가 왜 이곳에 있는지 모르겠어요. 그냥 죽고 싶어요. 제가 교실에서 말이 없으니까 선생님들이나 친구들은 제가 없어져도 몰라요. 제가 죽어도 아무도 슬퍼할 것 같지 않아요.
다른 반에 있는 청룡이랑만 마음속 이야기를 해요. 하지만 속이 시원하지 않아요. 뭐를 해야 할지 모르겠어요."

다른 사람들도 유키와 샤오빙처럼 '죽음'을 생각할 때가 있어요. 생각만으로도 가장 깊은 슬픔이 떠올라요. 우리는 알아요. 언젠가는 소중한 사람들과 영원히 이별하고, 죽음을 맞이한다는 것을요. 어른들은 좀 더 담담하게 받아들일 것 같지요? 그런데 그렇지 않은 것 같아요. 사랑하는 사람들과 영원히 헤어지는 슬픔은 나이를 먹어도 참 두려워요.

✛ 우리는 살아 있다는 축복을 자주 잊곤 해요

힘들 때마다 '죽고 싶다'를 입버릇처럼 말하는 사람들이 있어요. 하지만 그런 사람들도 실제로 의사선생님에게서 "당신은 얼마 살지 못할 거예요."라는 말을 들으면 정말 충격을 받아요. 막상 그런 순간이 되면 '살고 싶다'를 간절하게 말하게 됩니다. 사랑하는 사람들, 좋아했던 것들, 꼭 하고 싶었던 것들, 하지 못해서 후회스러운 것들이 머릿속에 떠다녀요. '더 살게 해준다면 꼭 해보리라. 다른 사람을 가슴 아프지 않게 하리라. 후회 없이 사랑하리라.'를 간절히 기도하게 되지요. 건강한 사람을 볼 때마다 '건강하면 다 할

수 있구나! 그러니까 꼭 살아야겠다.'를 생각했던 이의 이야기를
해볼까요? 바로 선생님의 이야기입니다.

"암입니다. 큰 병원으로 가셔야겠습니다."

드라마 속에 흔한 대사이지요. 그 말을 실제로 듣게 될 줄은 정
말 몰랐어요. 의사선생님이 진단을 내리고, 환자와 가족들은 애써
담담한 척 병원을 나서지요. 그러다가 하늘이 무너지는 슬픔으로
쓰러져요. 대부분 사람들은 그렇게 죽음을 드라마의 한 장면으로
만 생각할 뿐이에요.

내가 암이라니. 암이라는 한마디가 선생님에게 마른하늘에 날
벼락이었어요. 마치 '죽음'에 가까이 다가선 것처럼 느껴져서 두려
웠어요. 부랴부랴 큰 병원을 찾아갔지요. 의사선생님은 내 몸 상
태나 수술 과정에 대해 친절하게 안내해주었어요. 그런데도 선생
님은 병원만 가면 아주 멍청해졌어요. 분명히 의사선생님이 한국
어로 말씀하는데 내 귀에는 아무 소리도 안 들렸어요.

"몇 기인가요?"
"수술해봐야 알아요."

그렇게 입원을 했어요. 큰 병원이라 암 환자들이나 중증 환자들이 많이 오는 것 같아요. 지방에서 진단을 받고 수술이나 항암치료를 받을 환자들이 오는 큰 병원이라서, 암이 아닐 거라는 희망은 거의 없나 봐요. 병원에서 지나가다 들른 매점 구석에서는 보호자가 때늦은 식사를 해요. 그런데 20분이 지나도록 컵라면 뚜껑을 열지 않네요. 어딘가를 쳐다보는데 눈에 초점이 없어요. 선생님이 물건을 다 고르고 나갈 때까지 그 사람은 움직이지 않았어요.

선생님은 병원에서 초조함을 달래려고 산책했어요. 의과대학으로 가는 길모퉁이를 도는데 작은 동산 쪽 의자에 앉아 눈물을 닦는 청년을 봤어요. 수술실로 들어가는 남편의 손을 꼭 잡아주는 씩씩한 아내도 보았어요. 수술실 문이 닫히니 아내가 참았던 눈물을 왈칵 쏟아내네요. 머리카락이 한 올도 없는 아이가 제 손가락보다 큰 링거 주사바늘을 손등에 꽂고 있어요. 그 아이를 안고 토닥이는 엄마의 눈이 퉁퉁 부어 있어요. 몰래 숨죽여 우는 사람이 왜 이렇게 많을까요? 세상에 병으로 아픈 사람보다 대신해줄 수 없어서 마음이 아픈 가족들이 이렇게 많은 줄 미처 몰랐어요.

선생님은 살려고 병원에 왔어요. 죽고 싶지 않아요. 매일 아침마다 "5분만!"을 외치는 지용이의 엉덩이를 토닥이며 지용이 옆에 있고 싶어요. 지용이가 부리는 짜증조차 살아 있으니까 들을 수 있는 거지요. 그렇게 생각하니 그 짜증조차도 감사해졌어요.

지용이와 세상에 함께 있고 싶어요. 8월에는 초록별 같은 제주 바닷가에서 미역을 따고 12월이면 지용이와 엉망진창인 과자를 굽고 캐럴을 부르며 산타 할아버지를 기다리고 싶어요. 지용이가 자라서 대학에 가는 것도 보고, 결혼할 때 화촉을 밝혀주며 부모님 자리에 앉아 있고 싶어요. 그래서 '살아야 한다, 살아야겠다'를 수없이 다짐했어요.

수술이 끝나고 얼마의 시간이 흐른 후, 선생님은 눈을 떴어요.

6월의 미풍은 여전히 싱그러웠고, 선생님은 걸음마를 새로 배운 것처럼 조심스레 땅을 밟았어요. '아, 살아 있구나! 다시 깨어났구나!' 선생님은 마치 새로 태어난 것 같았답니다. 사랑하는 사람들과 함께하며, 숨을 쉬는 순간마다 살아 있음에 감사드려요. 매일 특별한 오늘을 열심히 살고 있어요.

선생님은 솔직하게 '죽고 싶다'고 말해준 유키와 샤오빙이 고마웠어요. 말하지 않았다면 선생님이나 유키의 부모님, 샤오빙의 부모님 모두 모를 뻔했어요. 아무도 눈치 채지 못했을 거예요. 그런 상황 속에서 유키와 샤오빙만 계속 상처를 받았을 수 있어요. 정말 안타까운 일이 생겼을 수도 있고요. 이렇게 표현해줬다는 것은 유키와 샤오빙의 마음속에 한 번은 누군가가 잡아주기를 기다렸다는 뜻이에요. 어떤 말을 하지 않아도 다 느낄 수 있었어요. 선생님은 그저 감사한 마음으로 유키와 샤오빙의 손을 잡았답니다.

✦ 충동의 순간, 그 순간만 잘 이겨낸다면

선생님은 샤오빙처럼 '만약 내가 죽는다면 누가 슬퍼할까?'를 생각해볼 때가 있어요. 다른 사람들이 나를 어떻게 기억할지도 생각해봐요. 나를 사랑하는 사람들이 울고 있을 생각을 하면 가슴이 먹먹해요. 사랑하는 사람들을 벌써 가슴 아프게 하고 싶지 않아요. 혹시 나를 사랑하는 사람이 아무도 없다는 생각이 드나요? 선생님은 단연코 말해줄 수 있어요. 세상에 태어나 관계를 맺고 살아가는 이상, 우리는 누군가의 관심과 사랑을 받고 있다는 것을요. 엄마 아빠의 사랑, 선생님의 사랑, 친구의 사랑, 이웃의 사랑. 자신이 원하는 방식과 표현이 아니라서 외롭게 느끼는 것일 뿐이에요. 그러니 죽음의 충동이 일어나는 순간, 혼자 있지 말았으면 해요. 주변 사람에게 자신의 힘겨움을 이야기하고 도움을 요청하는 용기를 냈으면 해요.

그리고 '죽고 싶다'는 마음이 들면 도대체 어느 순간에 그런 생각이 들었는지 되짚어봐야 해요. "그냥 죽고 싶다."고 중얼거렸다지만 가만히 생각해보면 죽고 싶은 데는 다 이유가 있어요. 작은 이유든 큰 이유든 원인이 있어요. 작다고 무시한 이유들이 쌓이면 걷잡을 수 없이 커져요. 그러고는 우리의 평화로웠던 감정과 이성적인 판단을 다 삼켜버려요.

"선생님, 사실 저는 새 아빠와 사이가 좋지 않아요. 새 아빠는 중국말을 모르고 저는 한국말을 잘 몰라요. 그래서 우리는 말이 없어요. 새 아빠와 이 년 동안 한마디도 안 했어요. 숨이 막혔어요. 학교에서도 그랬어요. 어디서도 제가 사랑받지 못하는 사람인 것 같아서 슬펐어요. 그게 제가 죽고 싶었던 이유였던 것 같아요."

샤오빙은 자신이 죽는다면 아무도 슬퍼하지 않을 것 같다고 했어요. 정말 그럴까요? 샤오빙이 죽는다면 샤오빙 엄마는 어떤 마음일까요? 샤오빙을 잃는다면 엄마의 눈물은 죽을 때까지 마르지 않을 거예요. 샤오빙을 평생 가슴에 묻고 살아가야 하니까요. 부모에게 자식은 자기 목숨과 바꿔도 아깝지 않은 존재예요. 가장 소중한 사람이지요. 샤오빙이 결혼해서 자식을 낳으면 어떤 의미인지 진심으로 알게 될 거예요. 앞으로 '죽음'을 생각할 때는 샤오빙을 사랑하는 엄마를 한 번만 더 생각해주세요.

유키는 언제 다시 가족이 모여 살까, 차라리 죽는 게 낫겠다고 했지만 5년이 되지 않아 곧 일본으로 돌아갔어요. 부모님과 함께하는 일본에서 유키를 예전의 밝고 유쾌했던 모습으로 돌아가게 됐어요. 만일 그때 희망이 없다고 포기했더라면 어찌 되었을까요? 그 순간을 견디지 못하고 포기했더라면 '아차!' 싶었어요.

당장은 시련이고 고난이 커서 이겨내기 힘든 것처럼 보여요. 많이 힘들어서 '죽고 싶다'는 생각도 하고 '차라리 죽는 게 낫다'는 마음도 생겨요. 그런데 이야기를 나누다 보면 의외로 같이 해결할 수 있는 것들이 많아요. 어른들에게도 어린 시절이 있었어요. 유키와 샤오빙과 비슷한 상황이 있었답니다. 그래서 어른들은 짧지 않은 세월 동안 배운 지혜를 빌어 유키와 샤오빙에게 조언을 해줄 수 있어요. 그것이 문제 해결의 열쇠가 될 수 있어요. 유키와 샤오빙처럼 혼자 끙끙 앓지 말고 어른들과 대화했으면 해요. 그래서 자신이 얼마나 소중한 사람인지 깨달았으면 좋겠어요.

누군가 그랬어요. 어제 죽은 이가 그토록 살고 싶어 했던 내일이 우리의 오늘이라고. 우리는 매일 타임머신을 타고 어제 희망했던 내일에 와 있지요. 우리는 모두에게 내일이 있는 줄 착각하고 살아요. 선택받은 사람들만이 내일을 선물로 받는다는 것을 몰라요. 그래서 나는 유키와 샤오빙에게 부탁하고 싶어요. 그렇게 내일을 살고 싶어했던 많은 사람들의 몫까지 오늘 건강하고 씩씩하게 살아주기를요.

병원에서 알게 되었어요. 사람들은 병이 나서야 하찮은 하루 일과에 감사하게 된다는 것을요! 살아 있으니까 무엇이든 할 수 있는 오늘에 그제야 감사하게 되는 것을요! 병원에 있으니까 알게 되었어요. 환자가 눈 한 번 깜박여주는 것이나 손가락의 미세한 움직임, 희미한 미소 한 번에 가족들이 얼마나 행복해하는지를 알게 됐어요. 행복이란 멀고 거창한 것이 아니라는 것을 알게 되었어요. 실낱같이 아주 작은 확률에도 기대를 갖고 살아나는 사람들이 많아요. 희망이 사람을 살게 해요. 사랑하는 사람들 곁에 살아 있다는 것은 행복이고 희망이에요.

우리는 아무나 가질 수 없는 오늘을 살아요. 그러니까 우리는 오늘이라는 시간을 제일 행복하게 살아야 해요. 한 번뿐인 인생이에요.

시련은 지나고 나면 바람과도 같아요. 바람이 지나간 자리에 누워 있던 풀들이 다시 허리를 세우고 자라나지요. 꺾어진 나무는 새 가지를 뻗어요. 바람은 언제 지나갔는지 흔적조차 없어지지만 새로운 희망과 생명들은 성큼성큼 자라요. 어려움을 이겨내면 좋은 날이 와요. 행복하게 웃을 수 있는 오늘과 내일이요. 그래서 인생은 살아볼 만한 것 같아요.

행복한 우리 집은
남의 이야기예요

선생님은 양우가 오토바이를 탈 때마다 가슴이 철렁해요. 스승의 날, 양우가 왔을 때 분명히 나와 약속했었죠.

"선생님, 진짜 오토바이 안 탈게요. 약속하라고 하시면 약속할 수 있어요."

양우는 호탕하게 웃으며 굳은 약속을 했어요. 아 글쎄! 철석같이 약속해놓고, 그날 저녁에도 이 녀석이 오토바이를 몰고 나왔지 뭐예요. 오토바이 뒷자리에 떠~억 하니 영수까지 태우고 부릉부

룽 속력을 내려다 퇴근하는 선생님에게 딱 걸렸어요.

"양우야, 내가 헬멧 쓰고 타라고 했잖아! 뒤에 영수까지 태우고 어쩌자는 거야!"

선생님이 꽥꽥거렸어요. '아이쿠, 들켰다.' 아이들의 머릿속 말풍선이 둥둥 떠다니네요. 아이들이 오토바이에서 내렸어요. 두 녀석의 귀를 잡아끌었는데 덩치가 산 만한 양우랑 영수가 얌전히 끌려왔어요. 착한 녀석들!

양우랑 영수는 선생님이 오토바이 타는 것을 반대해서 잔소리하는 줄 알아요. 선생님은 양우가 오토바이를 타는 걸 반대하는 것이 아니에요. 안전 장비를 갖추지 않고 오토바이를 타서 반대하는 거예요. 양우는 교통 규칙을 지키지 않아요. 그리고 도로의 오른쪽, 왼쪽을 마치 곡예를 하듯이 운전하지요. 그러니 선생님이 길길이 뛸 수밖에요. 양우에게는 가슴과 갈비뼈를 보호할 수 있는 상반신 보호대, 팔과 무릎보호대가 정말 필요해요. 그런데 이 녀석들은 장비를 차는 걸 창피해해요.

"선생님, 오토바이는 스피드가 생명인데 그런 걸 하고 어떻게 타요! 답답하단 말예요. 싸나이답게 그냥 탈래요. 엎어져 봤자 부러지기밖에 더 하겠어요."

　아, 부러지기밖에 더 하겠냐고요? 선생님은 할 말을 잃었어요.
오토바이의 생명이라는 스피드를 안전 장비 없이 즐기려다 하나
뿐인 생명이 날아가는 수가 있어요. 양우는 그걸 모르는 것 같아
요. 우리의 머리는 단단해 보여요. 하지만 그 안에는 연두부 같은
뇌가 있어요. 그래서 작은 충격에도 산산이 깨질 수도 있지요. 오
토바이 사고를 목격한 사람들은 안전 장비 없이 오토바이 타는 아
이들을 볼 때마다 한숨을 쉬어요. 몹시 아슬아슬해 보이기 때문이
에요. 팔다리 보호대가 답답하면 최소한 머리를 보호할 수 있는
헬멧만이라도 쓰라고 했는데. 양우는 들은 척도 하지 않네요. 그
저 건성으로 대답만 '예, 예, 예.' 할 뿐이에요.
　선생님은 양우가 오토바이를 타는 이유를 알아요. 양우는 오토
바이를 탈 때 마치 나는 새처럼 온몸이 가벼워진대요. 그리고 복
잡한 생각들이 스피드와 함께 다 날아간대요. 양우와 이야기를 나
누자 속마음을 이야기해주더군요.

　"다른 집들은 창문 너머로 하하하 호호호 웃음소리가 들려요.
　TV도 뭐가 그렇게 재미있는지 맨날 웃고 떠들고…… 세상 사
　람들은 뭐 저렇게 웃을 일이 많은지 저는 부러워요. 그런데 우

리 집은 웃을 일이 없어요. 웃기는커녕 아버지나 어머니가 돈 때문에 자주 다투세요. 너무 크게 싸우니 저러다 무슨 일이 나면 어떡하나 무서워요.

우리 집이 가난해서 그래요. 집이 가난한데 무슨 일인들 할 수 있겠어요? 우리가 중국에서 살 때는 이렇지 않았어요. 중국에서 살 때가 행복했어요. 다시 그때로 돌아가고 싶어요. 집에 들어가면 가슴부터 답답해져요. 집에 들어가기 싫어요. 하지만 오토바이를 타고 달리는 순간 숨이 탁 트이는 것 같아요. 세상 끝까지 달리고 싶어요."

양우의 가슴이 답답한 것은 아버지와 어머니의 잘못이에요. 부모님이 자식 앞에서 다투는 모습을 보이면 자식들은 마음이 불안해서 긴장하게 되지요. 부모님이 자주 다투면 다른 아이들도 양우처럼 가슴이 답답하다고 그래요. 부모님이 싸우면 집안의 공기가 얼음처럼 차가워지죠. 냉랭한 기운이 도는 집에 있기가 싫고, 더더욱 밖으로 나가고 싶어져요. 아이는 그 상황을 피하고 싶은 거죠. 양우만 그런 게 아니랍니다.

그래서 선생님이 양우 부모님과 상담을 할 때 이렇게 말씀드렸어요.

"두 분이 다투실 때 양우의 눈을 보고 양우의 표정을 봐주세요. 양우의 큰 눈은 불안으로 떨고 있을 겁니다. 양우는 방구석에서 귀를 틀어막고 쭈그리고 앉아 있을 거예요.

양우를 좋은 교육 환경에서 키우고 싶으셔서 이곳에 데려오셨을 거예요. 그런데 양우는 중국에서 살 때가 더 좋다고 말해요. 부모님이 다투는 모습을 아이들이 직접 보는 것은 아이들의 정서발달에 정말 좋지 않습니다. 양우가 잘 자라길 바라신다면 양우 앞에서 다투는 모습을 보이지 않으셨으면 좋겠습니다."

그 후로 양우의 부모님이 변하셨어요. 예전처럼 양우 앞에서 심하게 다투지 않으셨지요. 부모님들도 생각보다 실수를 많이 해요. 정작 자신이 무엇을 잘못하고 있는지 모를 때도 있어요. 하지만 깨닫자마자 빨리 고치려고 노력해요. 자식을 위해서요.

음……. 양우가 모든 게 가난 때문이랬어요. 가난? 아버지와 어머니가 웃지 않는 것이나 싸우는 것, 양우가 집에 들어가기 싫은 이유가 모두 가난 때문일까요? 양우 말로는 중국에서 살 때는 살림이 넉넉했대요. 그런데 한국에 오니까 양우네 집이 제일 가난한 것 같대요.

아마 집의 크기나 방의 개수가 줄어서 그렇게 느낄 수 있어요. 게다가 한국은 생활비가 매우 많이 들

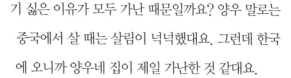

어요. 중국보다 물가가 굉장히 비싸거든요. 한 달의 전기 요금, 수도 요금, 교통비에 휴대폰 요금까지 내고 나 면 어른들은 기운이 쭉 빠 져요. 무척 돈이 많이 들기

때문이지요. 그러니까 중국에서 살 때와 한국에서 살 때가 자꾸 비교될 수밖에 없어요. 중국에서는 같은 돈으로 훨씬 풍족했을 테 니까요.

지금 양우네 가족이 왜 이렇게 작은 집에서 알뜰살뜰 아끼며 살 고 있는지 부모님께 여쭈어볼까요? 아마 양우 생각과 다른 대답 을 하실 거예요. 갑자기 가난해진 것이 아니라, 부모님은 양우와 함께하는 미래를 위해 준비하고 계신 거예요. 부모님은 언젠가는 양우와 함께 중국으로 돌아갈 계획이래요. 중국에는 이미 예쁜 집 이 한 채 준비되어 있다고 말씀하실 거예요. 양우가 공부하고 싶 을 때 지원해주기 위해 예금 통장을 만들었고요. 부모님은 양우의 미래를 위해 많은 것을 준비하고 있어요. 부모님의 이야기를 들으 면 '정말 우리 집이 가난한가?'에 대한 생각이 달라질 거예요.

축구선수 호날두를 아나요? 호날두는 포르투갈을 대표하는 축 구선수예요. 호날두는 어릴 때 집이 너무 가난했대요. 초콜릿을

사먹을 수 없고, 축구공을 살 수 없었대요. 빈 깡통을 대신 차며 축구 연습을 했대요. 연습 벌레였던 호날두는 세계에서 가장 훌륭한 공격수가 되었어요. 영국의 축구선수 데이비드 베컴도 굉장히 가난한 유년시절을 보냈어요. 하지만 열심히 연습해서 유명한 축구선수가 되었지요. 베컴은 이제 은퇴했지만 사람들은 그를 '영국의 영원한 오른발'이라고 불러요. 그러니 가난하다고 정말 아무 일도 할 수 없는지 다시 생각해봤으면 좋겠어요.

많은 가족들이 너무 바쁘고 고단하더라도 짬을 내서 나들이를 가요. 다 같이 사진 한 장을 찍으며 뭐가 좋은지 함박웃음이에요. 엄마의 화장대 서랍 속에 꼬깃꼬깃한 종이 카네이션이 있군요. 아이가 유치원 때 드린 것을 고등학생이 된 지금까지 간직하며 좋아하세요. 하루를 감사히 보내고 가족들이 저녁 밥상에 둘러앉아 밥을 먹어요. 된장찌개처럼 사랑이 보글보글 끓어요. 모두 사소하고 흔한 추억인데 쉽게 만들어지지 않아요. 서로 이야기를 들어주고, 사랑하니까 감싸주고, 걱정되니까 챙겨주며 잔소리를 하게 돼요. 모두 노력이 필요한 일들이랍니다. 우리 집에서 웃음소리가 나려면 가족이 모두 노력해야 해요. 행복한 우리 집은 남의 집 이야기가 아니라 우리가 노력해서 만드는 우리 집 이야기이니까요.

나가는 말_
우리는 기다리는 중

여러분의 나이가 그런 것 같아요. 어린아이도 아니고 어른도 아닌 때이지요. 몸은 부쩍 자라서 어른처럼 변하고, 생각은 우주에 펼쳐진 별보다 많아져요. 누군가에게 속마음을 털어놓고 싶다가도 생각이 확 바뀌지요. 비밀로 하고 싶은 것들이 한두 가지가 아니고요. 어릴 때와 다른 것이 많으니 당연히 고민은 깊어지죠. 물어보고 싶은 것이 아주 많아지는데 부모님은 너무 바쁘세요. 선생님 앞에서는 어려워서 말도 못 꺼내겠고요. 그래서 마음이 더 불안해요. 지금 이렇게 불안한 상태가 정상이냐고 묻는 청소년 아이들이 많아요. 정상! 정상이에요. 하나도 이상하지 않아요.

여러분처럼 친구들도 비슷한 상황에 닮은 고민들을 하고 있어요. 생각이 많다 보니 예민해지고 매사에 짜증이 먼저 튀어나오지요. "아, 짜증나!!"를 습관처럼 말하고 다니니 집이나 학교에서는 맨날 전쟁터 같아요. 부모님, 친구, 선생님 누구와도 별거 아닌 일로 부딪히고 싸워요. 그러면서 상처를 왕창 주고받지요. 나름대로 잘 해결하고 싶지만 일은 꼬일 대로 꼬이죠. 커진 자존심 때문에 빨리 사이가 좋아질 수 있는데 굳이 뱅뱅 돌아서 가요.

아, 힘들다. 힘들어! 그런데 말이에요. 지금 힘든 게 정상이에요. 지금 힘든 이유는 이 시기가 성숙한 어른이 되기 위한 과정이기 때문이에요. 공부도, 관계도, 고민도, 꿈도 그리고 많은 감정들도요. 여러 가지를 시도해보고, 실패도 해보고, 아프기도 하면서 더 멋진 내가 되어가는 것이지요.

그러니깐 아프면 아프니까 울고, 좋으면 좋으니까 소리 지르며 뛰어다녀도 괜찮아요. 힘들면 힘들다고 표현하세요. 자신을 자꾸 다른 눈으로 보고 차별하는 사람에게는 나를 똑같은 눈으로 봐달라고 당당하게 요청하세요.

가끔 "제가 다문화 가정이라서 이렇게 고민이 많은 건가 봐요." 하는 친구들이 있어요. 더러 어떤 어른들은 다문화 가정 아이들이 다른 집보다 문제가 많을 것 같다며 물어보기도 해요. 근데 선생님이 지켜본 바로는 그렇지 않아요. 여러 나라의 문화에 살다 온 부모님, 그 가정의 아이들은 조금 다른 어려움을 겪을 수는 있어요. 한국에서 적응하며 살면서 겪는 과정이지요. 하지만 그게 다문화 가정의 아이들이어서 더 심하고 고약한 어려움은 아니에요. 자세히 들여다보면 누구나 자기 상황에 따른 어려움이 있거든요. 한국의 가정도 마찬가지이고요. 다문화여서가 아니라, 지금의 불안함과 어려움은 청소년이기에 자라며 겪는 성장통인 것이 더욱 커요.

아픈 만큼 성숙해지는 것! 맞아요. 아파 보면 다른 사람의 마음을 더욱 잘 이해할 수 있어요. 그만큼 크게 자라나는 것이지요. 쑥쑥 자라는 몸만큼 여러분이 정서적으로 가장 크게 성장하는 때가 바로 지금이에요.

피부색 때문에 힘들었던 준경이는 윤형이가 피부색으로 고민할 때 멘토가 되어줬어요. 준경이는 윤형이의 이야기를 진심으로 들어주고 걱정해주었지요. 윤형이는 선생님이 "윤형이 피부는 건강하고 멋진 색"이라고 말할 때는 건성으로 들었어요. 어른들이 그냥 해주는 말이라고 생각했나 봐요. 근데 그 말을 준경이가 해주자 윤형이의 얼굴이 밝아지는 거 있죠! 분명히 내가 한 말과 똑같은 말이었는데도요.

정원이는 말할 때마다 튀어나오는 북한 말투 때문에 입을 꼭 다물고 학교생활을 했었어요. 얼마 전, 중국 안도현에서 온 수근이가 말투 때문에 말을 하지 않고 혼자 지내자 정원이가 먼저 다가갔어요. 그리고 수근이가 긴장을 풀고 학교생활을 하도록 도와주었지요.

운동회 날, 무슬림이라서 햄을 먹으면 안 되는 자이납을 위해 혜지는 김밥 속 햄을 쏙쏙 빼주었어요. 혜지의 모습이 선생님에게는 무척 감동이었답니다. 우리는 우리도 모르는 사이에 함께 어울리며 자라고 있다는 것을 깨달았어요. 사랑하고 사랑받으며 멋지게 자라고 있었어요.

우리는 다 같은 청소년들이에요. 머지않아 세상에 하나뿐인 꽃을 피울 단 하나의 소중한 씨앗들이에요. 우리는 어려운 순간에도 절대 포기하지 않으려 해요. 그리고 지금 기다리는 중이랍니다. 세상에 단 하나뿐인 꽃들을 피우는 날을요!